Sandra Mahut

BATCH COOKING LIBRE
1 HEURE MAX TOP CHRONO

F1RST
ÉDITIONS

SOMMAIRE

Comment batch cooker ?

Composer son batch cooking en piochant parmi les inspirations proposées !

SUGGESTIONS POUR UN

LUNDI *végé*

SUGGESTIONS POUR UN

MARDI *tartes et soupes*

SUGGESTIONS POUR UN

MERCREDI *à partager*

CHOISISSEZ VOS RECETTES SELON LE MODE DE CUISSON

CHOISISSEZ VOS RECETTES SELON LA SAISON

SUGGESTIONS POUR UN

JEUDI *complet*

SUGGESTIONS POUR UN

VENDREDI *happy*

LES MENUS DE LA SEMAINE

COMMENT BATCH COOKER ?

Le mode d'emploi

Le batch cooking consiste à cuisiner à l'avance pour plusieurs jours.

Au moment du repas, il n'y a plus qu'à réchauffer ou cuire rapidement certaines denrées délicates.

Vous pouvez par exemple préparer le dimanche vos dîners pour les soirs de la semaine. Vous souhaitez uniquement cuisiner pour le début de semaine ? C'est possible, il suffit simplement de piocher parmi les 50 recettes proposées et de réaliser ses menus.

Toutes les recettes proposées sont idéalement pensées pour être réalisées à l'avance. Préparez vos menus pour 5, 4, 3 ou même 2 soirs c'est comme vous voulez !

Les recettes de ce livre sont conçues pour 4 personnes pour répondre au mieux aux besoins des familles. N'hésitez pas à congeler ou bien à réduire les quantités. Le batch cooking c'est aussi faire en plus grande quantité pour pouvoir manger sur plusieurs repas.

Vous n'avez plus qu'à profiter de votre repas ! Et n'oubliez pas : la clé du batch cooking et de privilégier les produits de saison et qui ont fait le moins de kilomètres possible.

Vous pensiez que le batch cooking est réservé aux experts ? Détrompez-vous, le batch cooking est accessible à tous et en particulier avec ce livre de recettes spécialement conçues pour les débutants.

PRÊTS À BATCH COOKER ?

Les recettes

Toutes les recettes sont décomposées en deux parties :

- À faire à l'avance
- À faire le jour J

C'est en quelque sorte votre feuille de route pour la recette. Vous devez suivre la première partie lors de votre session de cuisine et vous pouvez revenir sur la recette lorsque vous réchauffer votre plat. Attention, pour certaines recettes il y a des cuissons minutes à réaliser le jour J.

Afin de vous aider au mieux dans l'élaboration de votre session de batch cooking, vous trouverez des pictos indiquant le moyen de cuisson. Cela est très pratique ! Cela permet de ne pas choisir des recettes qui ont toutes besoin d'être préparées à la casserole. Si vous choisissez 3 recettes, vous pouvez choisir une recette au four, une recette à la poêle et une recette à la casserole. Tout peut cuire en même temps. Si vous disposez d'un four assez grand vous pouvez sans problème cuire deux préparations en même temps, c'est à la fois un gain de temps et un gain d'énergie.

Les courses

Avant de cuisiner, il faut établir sa liste de courses. Étape primordiale pour commencer son batch cooking. L'idéal est de faire les courses une seule fois pour la semaine, cela permet de gagner du temps et de prendre que selon on a besoin.

Installez-vous tranquillement devant le livre, prenez une feuille de papier (et oui à l'ancienne), et notez les ingrédients frais qu'il vous faudra pour réaliser 5 (4 ou 3 à recettes pour la semaine.

Il est important d'organiser sa liste en séparant les produits : produits frais, épicerie, fruits et légumes pour savoir quoi prendre dans chaque rayon. Faites le point sur ce que vous avez dans vos placards pour ne pas prendre plus que nécessaire.

La conservation

L'idéal est de conserver toutes vos préparations dans des boîtes hermétiques. Elles sont pratiques

et se rangent facilement dans votre réfrigérateur. Pour des plats qui se cuisent au four et qui peuvent être conserver dans leur plat de cuisson vous pouvez investir dans des boîtes (de différentes tailles) en verre qui vont au four. Dès que le plat a refroidi vous pouvez le mettre directement au réfrigérateur avec le chapeau. Dans tous les cas, les boîtes que vous avez chez vous seront parfaites.

Dans chaque recette du livre vous trouverez le temps de conservation idéale au réfrigérateur. Si vous décidez de prendre plus d'avance vous pouvez très bien congeler vos préparations. Il faudra veiller à les sortir la veille de votre repas.

Comment réaliser son batch cooking en 1 h ?

En 1 heure, il est possible de s'organiser et de préparer à l'avance 5 recettes complètes que vous pourrez terminer le jour J.

Pour cela, il faut choisir ses recettes en fonction des temps de préparation indiqués sur chaque recette, et de composer votre menu de la semaine en additionnant les temps de préparation.

Il faut aussi tenir compte des produits de saison, c'est important ! Vous cuisinerez ainsi des produits de qualité.

Je vous conseille de vous munir d'un bloc-notes et de lister les plats pour la semaine, et lister tous les ingrédients pour faire les courses en une seule fois !

Pour pouvoir batch cooker en 1 heure, inutile de se rajouter des difficultées. Sélectionnez une seule recette qui nécessite une cuisson au four, et alternez le reste des repas avec une soupe et un wok par exemple. Certaines recettes seront préparées en amont mais nécessiteront une cuisson au dernier moment, comme la cuisson d'une omelette, de pâtes ou encore d'un steak. Mais ne vous inquiétez pas cela ne prend pas beaucoup de temps !

Le secret d'un batch cooking en 1 heure, c'est surtout la sélection de sa liste des 5 plats par semaine. Par exemple, une quesadillas prendra seulement 10 min à être réalisée, alors qu'un dahl de lentilles nécéssitera 20 à 25 min de préparation. Pensez donc à alterner les plats plus lents à cuir ! Et alternez les plats entre 5 min et 25 min de préparation. Ou encore une salade nécesite 10 min de préparation, alors que le porc katsudon en nécessite 30. Pour vous faciliter la tâche, vous pouvez vour référer aux menus déjà préétablis en fin d'ouvrage (voir p. 108). Vous aurez la possibilité de choisir entre des menus de 5 soirs, 4 soirs ou 3 soirs. Cela dépendra de votre souhait de batch cooking.

« LIBRE D'ORGANISER VOS SEMAINES COMME IL VOUS PLAIRA »

Mes indispensables à avoir dans son frigo

- du beurre
- de la crème liquide
- du parmesan
- du jambon
- du yaourt nature ou du fromage blanc
- du fromage type emmental ou cheddar
- des pommes de terre
- des légumes verts : 1 poireau, 1 brocoli, un sachet de petits pois au congélateur
- des citrons jaunes non traités
- quelques carottes
- une salade verte ou des feuilles de mesclun ou roquette ou épinards
- une courge butternut (quand c'est la saison, plutôt en automne, hiver)

La conservation des fruits et des légumes frais est délicate sur une longue période, voici une astuce, il faut les faire cuire à la vapeur avant de les entreposer dans des boites hermétiques au réfrigérateur.

On les utilisera au compte-goutte pour faire des soupes ou des gratins, ou juste en salade !

Mes ustensiles indispensables (même pour faire une omelette)

- une planche à découper
- une poêle
- un faitout
- un plat à gratin
- un saladier
- une fourchette
- une plaque pour aller au four et du papier sulfurisé
- un fouet (manuel ou électrique)
- un bon couteau pointu pour émincer les légumes
- un économe (plat de préférence)
- une balance pour peser ou un bol gradué
- un moule à tarte
- un mixeur
- une râpe
- une spatule, avec un bout en silicone
- un égouttoir

Aubergines rôties, sauce tomates

& rigatoni

À la poêle	Printemps/Été

Conservation : Jusqu'à 3 jours

Ustensiles : 1 casserole,
1 boîte de conservation

Conseil : Vous pouvez aussi réaliser cette recette sous forme de gratin.

Ingrédients

2 petites aubergines
2 gousses d'ail
100 ml d'huile d'olive
300 g de sauce tomate
300 g de pâtes rigatoni
Quelques feuilles de basilic
50 g de parmesan râpé

LUNDI VÉGÉ

À faire à l'avance — 20 min

Couper les aubergines en gros dés. Dans une poêle, les faire frire dans l'huile d 'olive avec 1 gousse d'ail coupée grossièrement. Les égoutter. Faire chauffer la sauce tomate, avec la seconde gousse d'ail hachée et le basilic ciselé. Mélanger les aubergines à la sauce tomate et placer dans une boîte au frais.

À faire le jour J — 15 min

Faire bouillir de l'eau avec du sel. Plonger les pâtes. Les égoutter au bout de 12 min. Pendant ce temps, faire réchauffer les aubergines à la sauce tomate. Servir le tout avec du basilic ciselé et du parmesan râpé.

Salade de betteraves

& œuf mimosa au gingembre

À la casserole	Automne/Hiver

Conservation : Jusqu'à 2 jours

Ustensiles : 1 boîte de conservation

Conseil : Vous pouvez faire cuire une plus grande quantité d'œufs durs que vous pourrez consommer dans la semaine.

Ingrédients

2 grosses betteraves cuites
4 œufs bio
1 échalote
1 cm de gingembre frais
2 grosses cuil. à soupe de mayonnaise
2 cuil. à soupe de ciboulette ciselée

Pour la sauce vinaigrette

1/2 bouquet d'aneth
1 cuil. à soupe de moutarde douce type Savora®
2 cuil. à café de miel
100 ml d'huile d'olive
Le jus d'un citron jaune
Sel, poivre

LUNDI VÉGÉ

À faire à l'avance — ⧗ 15 min

Faire chauffer une casserole d'eau, y plonger les œufs. Les laisser cuire 8 à 9 min à partir de l'ébullition. Les plonger ensuite dans l'eau glacée quelques minutes avant de les écaler. Éplucher les betteraves cuites et les couper en rondelles ou en dés. Placer les morceaux de betterave dans une boîte avec leur jus, ajouter les œufs durs entiers et refermer la boîte. Laisser les œufs colorer au frais jusqu'au jour J. Émincer l'échalote. Dans un bol, préparer la vinaigrette en mélangeant la moutarde Savora, le miel, l'huile d'olive et le jus de citron. Ajouter l'aneth ciselée et l'échalote émincée. Saler et poivrer.

À faire le jour J — ⧗ 10 min

Couper les œufs en deux, prélever les jaunes et les écraser dans un bol. Ajouter le gingembre râpé et la mayonnaise. Remplir les blancs d'œufs de cette crème. Ajouter la sauce vinaigrette aux betteraves et mélanger. Servir la salade de betteraves avec les œufs au gingembre. Parsemer de ciboulette ciselée.

Couscous de légumes

À la casserole	Automne/Hiver

Conservation : Jusqu'à 3 jours

Ustensiles : 1 boîte de conservation

Conseil : Pour les non végétariens, vous pouvez ajouter du poulet et/ou des merguez.

Ingrédients

- 1 oignon
- 2 cuill. à café d'un mélange de coriandre et de persil, hachés finement
- 2 carottes
- 2 patates douces
- 200 g de potiron
- 1 courgette
- 1 branche de céleri
- 1/3 de chou blanc
- 1/2 cuill. à café de gingembre
- 1 cuil. à café de cumin en poudre
- 1 cuil. à café de piment doux en poudre
- 5 cuill. à soupe d'huile d'olive
- 2 cuil. à café de concentré de tomates
- 1 pincée de sel
- 1 pincée de poivre
- 1 bouquet garni (brins de persil et brins de coriandre)
- 500 ml d'eau
- 1 boîte de pois chiches
- 250 g de semoule moyenne
- 1 cuill. à soupe d'huile d'olive
- 250 ml d'eau
- 10 cl d'huile d'olive

LUNDI VÉGÉ

À faire à l'avance ⧗ 30 min

Laver le chou et le couper en 2 ou 4. Éplucher les autres légumes, les couper en gros tronçons ou en gros cubes. Émincer l'oignon. Dans une casserole, verser un filet d'huile d'olive, ajouter les oignons, puis les épices, le sel, le poivre, et les légumes. Bien mélanger et verser de l'eau de manière à recouvrir à peine les légumes. Ajouter le concentré de tomates, le bouquet garni ou du persil plat ciselé. Laisser mijoter 30 min à couvert. Ajouter les pois chiches rincés et mélanger. Laisser refroidir et placer dans une boîte au frais.

À faire le jour J ⧗ 30 min

Faire réchauffer le couscous 30 min à couvert et à feu doux. Mettre la semoule dans un grand saladier. Verser 4 cuil. à soupe d'huile d'olive et bien mélanger. Saler et poivrer légèrement. Verser de l'eau bouillante sur la semoule et attendre 5 à 8 min. Mélanger à nouveau avec la fourchette. Servir les légumes bien chauds accompagnés de semoule. Rectifier l'assaisonnement et parsemer de persil plat et de coriandre hachés finement.

Curry de carottes violettes, jaunes et orange

& riz

À la poêle	Automne/Hiver

Conservation : Jusqu'à 4 jours

Ustensiles : 1 casserole, 2 boîtes de conservation

Conseil : Vous pouvez très bien agrémenter ce curry de pois chiches.

Ingrédients

900 g de carottes violettes, jaunes et orange

1 oignon jaune

1 cuil. à soupe rase de pâte de curry vert (ou en poudre)

2 gousses d'ail émincées

2 cm de gingembre frais

2 cuil. à soupe d'huile d'olive ou de coco

1 cuil. à soupe de sauce nuoc mam

750 ml d'eau

200 ml de lait de coco

1 citron vert

1 cuil. à soupe de coriandre ou de persil

LUNDI VÉGÉ

À faire à l'avance — 35 min

Éplucher et couper les carottes en rondelles de 1 cm d'épaisseur. Verser l'huile d'olive ou de coco dans une casserole. Faire chauffer et ajouter l'ail émincé et le gingembre râpé. Mélanger, laisser cuire 1 min puis ajouter les carottes et le curry en pâte. Remuer à nouveau puis mouiller avec 750 ml d'eau. Porter à ébullition, couvrir et laisser cuire à feu doux, toujours à couvert, pendant 30 min. Laisser refroidir et placer dans une boîte au frais. Faire cuire le riz comme indiqué sur le paquet. Laisser refroidir et placer dans une boîte au frais.

À faire le jour J — 25 min

Faire réchauffer le curry de carottes dans une casserole et ajouter le lait de coco, le nuoc mam et 2 cuil. à soupe de jus de citron vert. Réchauffer le riz au micro-ondes. Répartir le curry de carottes dans de grands bols avec du riz et saupoudrer de persil ou de coriandre.

Curry de légumes verts au basilic thaï

Au wok	Automne/Hiver

Conservation : Jusqu'à 3 jours

Ustensiles : 1 boîte de conservation, 1 casserole.

Conseil : Cette recette de curry peut s'adapter à toute saison en fonction des légumes disponibles.

Ingrédients

- 2 aubergines thaïes
- 100 g de haricots verts
- 100 g de pointes d'asperges vertes
- 50 g de champignons de Paris
- 1 chou pak choï
- 1 échalote
- 2 gousses d'ail
- 1 cm de gingembre
- 1 bâton de citronnelle
- 2 cuil. à café de pâte de curry vert
- 500 ml de lait de coco
- 1 cuil. à soupe d'huile de coco
- Fleur de sel
- 2 brins de basilic thaï frais
- 2 citrons verts
- 300 g de riz thaï
- Un filet d'huile d'olive
- Sel, poivre

LUNDI VÉGÉ

À faire à l'avance — 25 min

Tailler les aubergines en 2 dans le sens de la longueur puis en biseaux. Émincer le chou. Tailler les haricots verts en 4. Émincer l'échalote et l'ail. Râper le gingembre et émincer la citronnelle. Dans un wok, verser l'huile de coco et faire suer l'échalote, l'ail et le gingembre. Ajouter la pâte de curry, mélanger et laisser cuire 1 min avant de mettre tous les légumes verts. Faire cuire pendant 5 à 6 min sans cesser de remuer. Ajouter le lait de coco, assaisonner de fleur de sel et de poivre et faire cuire à feu doux, pendant 15 min. Laisser refroidir et placer dans une boîte au frais. Tailler la citronnelle en tronçons réguliers et les mélanger avec les feuilles de coriandre ciselées. Réserver.

À faire le jour J — 10 min

Faire cuire le riz thaï comme indiqué sur l'emballage. Faire réchauffer le curry vert dans une casserole. Assaisonner d'un filet d'huile de coco et du jus de citron vert. Servir le curry dans des assiettes creuses avec le riz et recouvrir de basilic thaï ciselé.

Dahl de lentilles corail express

À la casserole	Automne/Hiver

Conservation : Jusqu'à 3 jours

Ustensiles : 1 plaque allant au four, 2 boîtes de conservation

Conseil : Le dahl de lentilles est le plat typique de tout végétarien. Il peut être agrémenté de différents légumes et épices.

Ingrédients

Pour le dahl :

- 300 g de lentilles corail
- 3 échalotes
- 1 gousse d'ail
- 1 feuille de laurier
- 50 cl de bouillon de légumes
- 50 cl de lait de coco
- Poivre 5 baies
- 2 cuil. à soupe d'huile de coco
- 1 cuil. à café de curry en poudre ou garam masala
- 2 cm de gingembre frais ou 2 cuil. à café de gingembre en poudre
- 1 aubergine
- 1 sachet de mélange de champignons surgelés
- Sel, poivre
- Huile d'olive
- 5 brins de persil plat
- Quelques noix

LUNDI VÉGÉ

À faire à l'avance ⧗ 25 min

Rincer et égoutter les lentilles. Ciseler les échalotes et l'ail. Peler et émincer le gingembre. Couper l'aubergine en tranches. Faire revenir les échalotes dans l'huile de coco. Ajouter l'ail, le gingembre, le laurier, le poivre 5 baies et le curry. Laisser cuire quelques instants, puis ajouter les lentilles. Remuer et ajouter le lait de coco. Remuer, puis verser le bouillon. Bien mélanger. Laisser mijoter 20 min en remuant souvent. Placer dans une boîte au frais. Pendant la cuisson des lentilles, placer les tranches d'aubergine sur une plaque allant au four, les arroser avec un filet d'huile d'olive et mettre au four à 200 °C pendant 15 min. Faire sauter les champignons décongelés dans une casserole avec un filet d'huile d'olive, puis saler et poivrer. Ajouter du persil ciselé et mettre dans une boîte au frais.

À faire le jour J ⧗ 10 min

Faire réchauffer le dahl de lentilles à feu doux dans une casserole. Faire réchauffer les légumes à la poêle et les répartir sur chaque assiette de dahl. Parsemer de persil ciselé.

Galettes de chou-fleur à l'emmental

& salade de mâche

À la casserole	Automne/Hiver

Conservation : Jusqu'à 3 jours

Ustensiles : 1 mixeur, 1 poêle, 1 boîte de conservation

Conseil : Vous pouvez également réaliser cette recette avec du brocoli.

Ingrédients

500 g de chou-fleur
10 cl de lait
3 œufs
100 g de farine
100 g d'emmental râpé ou parmesan
1 petit oignon
Persil ou coriandre
Sel, poivre 5 baies
Un filet d'huile d'olive ou de coco

LUNDI VÉGÉ

À faire à l'avance — 15 min

Couper le chou-fleur en petits bouquets. Le rincer et le placer dans une casserole d'eau salée. Porter à ébullition et laisser cuire 10 min. Pendant ce temps, dans un bol, battre les œufs, ajouter la farine et le lait. Battre à nouveau le tout, saler et poivrer. Ajouter le persil ciselé finement, ainsi que le petit oignon ciselé, puis ajouter l'emmental râpé. Égoutter le chou-fleur et l'écraser à la fourchette ou à l'aide du robot mixeur. L'ajouter à la préparation. Mélanger le tout, la pâte doit être assez épaisse. Placer cette pâte dans un boîte au frais.

À faire le jour J — 10 min

Faire chauffer une poêle, verser un filet d'huile d'olive ou de coco. Déposer des grosses cuillérées de pâte au chou-fleur et appuyer légèrement dessus pour les aplatir. Les laisser dorer 4 à 5 min sur chaque face et les servir chaudes avec une salade de mâche, roquette, persil.

Œuf nitamago

& nouilles sautées à la ciboule

À la poêle	Automne/Hiver

Conservation : Jusqu'à 3 jours
Ustensiles : 1 boîte de conservation
Conseil : Il faut laisser mariner les œufs au moins 24 h.

Ingrédients

4 œufs bio
100 g de sauce soja
100 g de mirin
100 g de saké de cuisine
1 cuil. à soupe de miel liquide
1 gousse d'ail
1 cm de gingembre épluché et haché
Poivre 5 baies
200 g de nouilles aux œufs
2 cuil. à soupe d'huile de coco ou de sésame
Herbes fraîches (ciboulette, persil ou coriandre)
Graines de sésame

LUNDI VÉGÉ

À faire à l'avance ⏳ 15 min

Dans une casserole, mettre à bouillir la sauce soja, le mirin, le saké, la gousse d'ail entière, le gingembre et le poivre. Laisser cuire 3 min, puis réserver. Faire chauffer une casserole d'eau. Quand l'eau bout, y plonger les œufs pendant 6 à 7 min. Stopper la cuisson en plongeant directement les œufs dans un saladier d'eau glacée. Les écaler. Placer la sauce refroidie et les œufs dans une boîte hermétique au frais.

À faire le jour J ⏳ 15 min

Faire chauffer de l'eau dans une bouilloire. Placer les nouilles dans un saladier et verser l'eau bouillante. Laisser les nouilles gonfler 5 à 6 min, puis les égoutter. Les faire sauter dans un wok avec l'huile de coco ou de sésame. Ajouter de la marinade des œufs et poursuivre la cuisson à feu vif pendant 5 min. Répartir les nouilles dans des bols ou des assiettes creuses, arroser avec la marinade et mélanger. Couper les œufs en deux, les déposer sur les nouilles et parsemer de graines de sésame et d'herbes aromatiques fraîches finement ciselées.

Poivrons longs farcis au quinoa parfumé

& roquette

À la sauteuse	Printemps/Été

Conservation : Jusqu'à 2 jours

Ustensiles : 1 plat allant au four, 1 boîte de conservation

Conseil : Vous pouvez remplacer le quinoa par du riz.

Ingrédients

4 poivrons rouges longs
1 sachet de quinoa précuit parfumé
75 g de fromage frais
45 cl d'eau
½ oignon
2 cuil. à soupe de persil
1 gousse d'ail
Huile d'olive
Sel, poivre
50 g de beurre
50 g de parmesan râpé
1 sachet de roquette
Vinaigrette (recette)

LUNDI VÉGÉ

À faire à l'avance — 15 min

Laver les poivrons, les couper en deux dans le sens de la longueur et les épépiner. Saler l'intérieur des poivrons. Émincer l'oignon et l'ail. Faire chauffer de l'huile d'olive dans une sauteuse et faire revenir l'oignon et l'ail pendant 3 à 5 min jusqu'à ce qu'ils soient translucides. Hors du feu, ajouter le quinoa précuit. Bien mélanger et ajouter 35 cl d'eau bouillante. Laisser le quinoa gonfler 5 min, puis remplir les poivrons avec le quinoa. Mélanger le beurre ramolli et le parmesan. Parsemer le quinoa de fromage frais, du mélange beurre parmesan et de persil ciselé finement. Placer les poivrons dans une boîte au frais.

À faire le jour J — 35 min

Préchauffer le four à 180 °C et huiler un plat allant au four. Versez 10 cl d'eau dans le plat. Disposer les poivrons dans le plat, les arroser d'huile d'olive et les enfourner pour 30 à 35 min. Servir avec une salade de roquette assaisonnée de vinaigrette au vinaigre balsamique.

Ratatouille

& omelette roulée

À la casserole	Printemps/Été

Conservation : Jusqu'à 4 jours

Ustensiles : 1 poêle, 1 boîte de conservation

Conseil : Pour une omelette roulée, le mieux est d'utiliser une poêle rectangulaire mais à défaut une poêle de 20 cm de diamètre fera l'affaire.

Ingrédients

Pour la ratatouille :

- 1 oignon
- 2 courgettes
- 1 aubergine
- 2 poivrons (1 vert, 1 rouge)
- 3 grosses tomates
- 1 gousse d'ail
- 1 branche de céleri
- 1/2 bouquet de basilic
- 1 branche de romarin frais
- 2 pincées d'origan sec
- Huile d'olive
- Sel, poivre

Pour l'omelette :

- 6 œufs
- 1 cuil. à soupe de crème fraîche épaisse
- Ciboulette ou persil plat
- Sel, poivre
- Un filet d'huile d'olive

LUNDI VÉGÉ

À faire à l'avance — 30 min

Couper tous les légumes en gros morceaux de 2 cm de côté. Faire blondir les oignons dans une casserole avec de l'huile d'olive. Puis ajouter tous les légumes et quelques feuilles de basilic et de romarin. Saler et poivrer, puis laisser cuire à l'étouffée 30 min sur feu doux. Placer dans une boîte au frais.

À faire le jour J — 30 min

Faire réchauffer la ratatouille pendant 20 à 30 min à feux doux et à couvert. Pendant ce temps, casser les œufs dans un saladier, fouetter, saler et poivrer, ajouter la crème fraîche, fouetter à nouveau. Faire chauffer une poêle avec un filet d'huile d'olive. Verser un quart du mélange. Lorsqu'elle commence à prendre, la faire rouler vers le bord haut avec une spatule en bois, puis ajouter encore un quart du mélange, attendre qu'elle prenne, puis la rouler vers le bord haut, verser le reste du mélange, attendre qu'elle prenne, et la faire rouler sur l'ensemble de l'omelette, pour obtenir un gros rouleau. Le déposer sur une assiette et la couper en tronçons. Servir la ratatouille avec les morceaux d'omelette roulée. Saupoudrer de ciboulette ciselée.

Salade de riz complet, edaname, ricotta et citron

À la casserole	Printemps/Été

Conservation : Jusqu'à 3 jours

Ustensiles : 1 bocal en verre

Conseil : Attention, il faut préparer les pickles d'oignons rouges 24 h à l'avance.

Ingrédients

- 200 g de riz complet
- 100 g d'edamame
- 150 g de ricotta
- 2 citrons jaunes bio
- 2 oignons rouges
- 50 ml de vinaigre blanc
- 50 ml d'eau
- 1 cuil. à soupe de sucre en poudre
- Graines de cumin, de coriandre, de poivre
- Quelques brins de ciboulette

LUNDI VÉGÉ

À faire à l'avance — 15 min

Faire cuire le riz dans une grande quantité d'eau salée, l'égoutter et le laisser refroidir. Faire cuire les edanames dans l'eau chaude salée, les égoutter et les laisser refroidir. Presser les citrons et prélever les zestes. Couper les oignons rouges en rondelles, les placer dans un bocal avec le vinaigre, l'eau et le sucre. Ajouter les graines et laisser 24 h au frais.

À faire le jour J — 5 min

Dans un saladier, verser le riz, la ricotta et les edanames. Arroser de jus de citron. Bien mélanger le tout. Parsemer de ciboulette ciselée et de zestes de citron, puis de pickles d'oignons rouges.

Salade de lentilles, pois chiches, tomates cerise, feta

& roquette

À la casserole	Automne/Hiver

Conservation : Jusqu'à 3 jours

Ustensiles : 1 boîte de conservation, 1 petit bocal

Conseil : Vous pouvez utiliser du fromage de chèvre ou de l'emmental à la place de la feta.

Ingrédients

- 150 g de lentilles vertes du Puy
- 200 g de pois chiches égouttés
- 1 gousse d'ail
- 100 g de tomates cerise
- 50 g de roquette
- 125 g de feta
- Ciboulette ou basilic
- Sel aux légumes
- Poivre 5 baies

Pour la sauce :

- 2 cuil. à soupe d'huile d'olive
- 1 cuil. à soupe de moutarde douce
- 2 cuil. à soupe de jus de citron
- Sel aux légumes
- Poivre 5 baies
- Pain de campagne

LUNDI VÉGÉ

À faire à l'avance — 20 min

Faire bouillir une grande quantité d'eau salée. Y plonger les lentilles pour 25 min puis les égoutter et les laisser refroidir. Couper les tomates cerise en deux. Égoutter et rincer les pois chiches. Mélanger les tomates cerise et les pois chiches, ajouter les lentilles, arroser le tout de jus de citron et placer dans une boîte au frais. Mélanger les ingrédients de la sauce et la mettre dans un bocal au frais.

À faire le jour J — 5 min

Laver la roquette. Dans chaque assiette, déposer le mélange lentilles, pois chiches, tomates et ajouter une peu de roquette, verser la sauce et émietter la feta par-dessus. Servir aussitôt, avec une tranche de pain de campagne grillé.

Tofu mariné et grillé au sésame

& sauté de brocolis sauce soja

À la poêle	Automne/Hiver

Conservation : Jusqu'à 2 jours

Ustensiles : 2 boîtes de conservation

Conseil : Pour une version non végétarienne vous pouvez utiliser du poulet.

Ingrédients

- 1 brocoli précuit (blanchi 5 min dans de l'eau bouillante salée)
- 450 g de tofu ferme
- 5 cuil. à soupe d'huile végétale (coco ou olive)
- 2 cuil. à soupe de Maïzena® ou fécule de maïs
- 1 tige de citronnelle ou citronnelle hachée surgelée
- 1 échalote
- 1 gousse d'ail
- 4 cuil. à soupe de sauce soja
- 1 cuil. à café de sucre en poudre
- Graines de sésame dorées

À faire à l'avance ⧗ 15 min

Couper le tofu en gros cubes. Le rouler dans la fécule de maïs et le faire dorer dans une poêle avec un filet d'huile jusqu'à ce qu'il soit bien doré. Le mettre dans une boîte sur un papier absorbant et le conserver au frais. Dans une poêle, faire sauter le brocoli coupé en fleurettes avec un filet d'huile d'olive. Ajouter la citronnelle ciselée, l'échalote et l'ail émincés, puis la sauce soja et le sucre. Mélanger et laisser cuire 5 min à feu moyen. Placer le tout dans une boîte au frais.

À faire le jour J ⧗ 10 min

Faire réchauffer le tofu. Faire réchauffer le brocoli. Dans un bol, verser le brocoli sauté, puis le tofu. Parsemer de graines de sésame dorées.

LUNDI VÉGÉ

Soupe de panais
& pain à l'ail

À la casserole	Automne/Hiver

Conservation : Jusqu'à 3 jours

Ustensiles : 1 mixeur, film alimentaire, 1 boîte de conservation

Conseil : Vous pouvez aussi garnir votre baguette de sauce tomate et de tranche de mozzarella.

Ingrédients

Pour la soupe :

800 g de panais
1/2 oignon doux
1 feuille de laurier
1 cube de bouillon de volaille bio
1 pomme de terre
20 cl de crème liquide
Sel, poivre

Pour le pain à l'ail :

1 baguette
2 gousses d'ail
100 g de beurre ramolli
5 brins de persil plat ciselé

À faire à l'avance ⧗ 15 min

Laver les panais et couper les extrémités. Éplucher la pomme de terre. Détailler panais et pomme de terre en morceaux. Éplucher l'oignon et le couper en quartiers. Placer les panais, l'oignon et le laurier dans une casserole, puis recouvrir d'eau. Ajoutez le cube de bouillon et porter à ébullition. Laisser frémir à couvert 20 min. Mixer la soupe en ajoutant la crème liquide. Rectifier l'assaisonnement. Laisser refroidir et placer dans une boîte au frais. Préparer le beurre à l'ail : dans un bol presser les gousses d'ail et les mélanger à l'aide d'une fourchette avec le beurre ramolli. Ajouter le persil finement ciselé. Filmer le beurre et le placer au frais.

À faire le jour J ⧗ 10 min

Faire réchauffer la soupe de panais dans une casserole. Préparer le pain à l'ail : entailler la baguette tous les 3 cm, insérer du beurre à l'ail dans chaque entaille, puis enfourner pour 8 à 10 min à four chaud.

Soupe de petits pois, cresson, ricotta

& chips de coppa

À la casserole	Printemps/Été

Conservation : Jusqu'à 3 jours

Ustensiles : 1 poêle

Conseil : Vous pouvez préparer des croûtons avec un reste de pain. Cela accompagnera parfaitement cette soupe.

Ingrédients

500 g de petits pois surgelés
1/2 botte de cresson
1 pomme de terre
1 échalote
400 ml d'eau
1 cube de bouillon de poule
150 ml de crème liquide
Sel, poivre
150 g de ricotta
4 tranches de coppa en tranche
Un filet d'huile d'olive

À faire à l'avance ⧗ 20 min

Éplucher la pomme de terre et la couper en dés. Éplucher l'échalote et l'émincer. Effeuiller le cresson. Dans une grande casserole sur feu moyen, verser un filet d'huile d'olive, l'échalote et la pomme de terre. Lorsque l'échalote commence à suer, ajouter les petits pois. Verser l'eau et le cube de bouillon émietté. Laisser cuire 20 min, à couvert. Ajouter le cresson et poursuivre la cuisson 10 min. Saler et poivrer. Ajouter la crème et mixer la soupe. Rectifier l'assaisonnement.

À faire le jour J ⧗ 10 min

Réchauffer la soupe. Faire griller la coppa dans une poêle. Servir avec une cuil. à soupe de ricotta salée et poivrer.

Soupe tom kha kaï

À la casserole	Printemps/Été

Conservation : Jusqu'à 3 jours

Ustensiles : 2 boîtes de conservation, 1 petit bocal

Conseil : Vous pouvez remplacer les shiitakés par des champignons de Paris.

Ingrédients

1 tomate

2 cm de racine de gingembre frais

200 g de shiitakés

1 (ou 4 sachets) de ramen au poulet

Quelques brins de cébette ou ciboulette

200 ml de lait de coco

1 ou 2 citrons verts

1 bouquet de menthe ou de basilic thaï

À faire à l'avance ⧗ 10 min

Couper la tomate en petit cubes. Couper le gingembre en rondelles. Couper les shiitakés en lamelles. Faire chauffer 600 ml d'eau dans une casserole. Ajouter les sachets de bouillon déshydratés des sachets de ramen et mélanger. Garder les ramen (les nouilles sèches) jusqu'au jour J. Faire chauffer le bouillon, ajouter le gingembre en rondelles et les shiitakés, ajouter la tomate et quelques brins de menthe ou de basilic. Laisser refroidir et placer dans une boîte au frais. Ciseler les cébettes ou la ciboule et les placer dans une boîte au frais. Presser le jus du citron et le conserver dans un bocal fermé.

À faire le jour J ⧗ 10 min

Faire chauffer le bouillon dans une casserole, lorsqu'il est chaud mais non bouillant, ajouter le lait de coco puis les ramen, et mélanger doucement. Verser la soupe dans des bol, ajouter des cébettes ou de la ciboule et le jus du citron vert, mélanger. Parsemer de menthe ou de basilic thaï.

Tarte courgettes chèvre menthe

& salade de cresson

Au four	Printemps/Été

Conservation : Jusqu'à 3 jours

Ustensiles : 1 poêle, 1 moule à tarte, film alimentaire

Conseil : Vous pouvez réaliser cette tarte avec un autre légume en fonction de la saison.

Ingrédients

1 pâte feuilletée
2 courgettes
200 g de fromage de chèvre frais
1 gousse d'ail
2 brins de menthe
3 œufs
1 petit verre de lait entier
4 cuil. à soupe de crème fraîche épaisse
Sel, poivre
Huile d'olive
1 sachet de cresson
Vinaigrette à la moutarde

À faire à l'avance ⧗ 20 min

Faites revenir dans une poêle les courgettes coupées en rondelles dans un filet d'huile d'olive. Laisser cuire 5 à 8 min en remuant souvent. Ajouter les feuilles de menthe, la gousse d'ail émincée, puis saler et poivrer. Étaler la pâte feuilletée dans le moule à tarte, piquer celle - ci à l'aide d'une fourchette, et déposer les courgettes au fond. Disposer 100 g de rondelles de chèvre frais sur les courgettes. Dans un bol, battre les œufs en ajoutant progressivement le lait, puis ajouter le reste de chèvre frais, la crème épaisse et battre à nouveau. Verser cet appareil sur les courgettes. Filmer la tarte et la placer au réfrigérateur jusqu'au jour J.

À faire le jour J ⧗ 30 min

Préchauffer le four 10 min à 180 °C et enfourner la tarte pour 30 min. Servir avec une salade de cresson et une vinaigrette à la moutarde.

Tarte aux tomates et au thon

Au four	Printemps/Été

Conservation : Jusqu'à 3 jours

Ustensiles : moule à tarte, film alimentaire

Conseil : Vous pouvez accompagner cette tarte d'une belle salade verte.

Ingrédients

1 pâte feuilletée

2 boîtes de thon

2 tomates rondes

3 cuil. à soupe de moutarde fine

3 œufs

10 cl de lait

2 à 3 cuil. à soupe de crème fraîche épaisse

Sel, poivre 5 baies

Origan séché

À faire à l'avance ⧗ 15 min

Préchauffer le four à 200 °C. Étaler la pâte feuilletée sur un moule à tarte. Piquer le fond de pâte, puis le recouvrir avec la moutarde. Émietter le thon et le répartir sur la moutarde. Laver les tomates et les essuyer, puis les couper en rondelles moyennes, et les disposer sur le thon. Battre les œufs en omelette, ajouter la crème fraîche, puis le lait et l'origan. Saler et poivrer. Verser ce mélange sur le thon et les tomates. Enfourner pour 40 min environ. réserver ensuite au frais recouverte d'un film alimentaire.

À faire le jour J ⧗ 10 min

Faire réchauffer la tarte à 180 °C pendant 10-15 min.

Velouté de poireaux et pommes de terre

& tartines gratinées au gouda vieux

À la casserole	Automne/Hiver

Conservation : Jusqu'à 3 jours

Ustensiles : 1 mixeur plongeant, 1 boîte de conservation

Conseil : Vous pouvez ajouter des carottes à cette soupe. Vous pouvez également varier la garniture des tartines à l'infini.

Ingrédients

3 grands poireaux

2 grosses pommes de terre

2 cubes de bouillon de poule bio

1 cuil. à soupe d'huile d'olive

1,5 litre d'eau

Sel, poivre

100 ml de crème liquide

1 bloc de gouda vieux

4 tranches de pain de campagne

À faire à l'avance — ⧗ 15 min

Laver les poireaux et les couper en rondelles. Peler les pommes de terre et les couper en gros dés. Faire chauffer une casserole (ou faitout), y verser l'huile d'olive, ajouter les poireaux et les pommes de terre. Les laisser rissoler à feu doux pendant 2 min en remuant, puis verser l'eau et ajouter le cube de bouillon de poule. Saler et poivrer. Laisser mijoter 20 min à couvert. Mixer la soupe à l'aide d'un mixeur plongeant ou dans un blender. Attendre qu'elle refroidisse et la placer dans une boîte au frais.

À faire le jour J — ⧗ 10 min

Faire réchauffer la soupe. Pendant ce temps, couper des lanières de gouda, les disposer sur les tartines de pain de campagne et enfourner pendant 10 min à 180 °C. Verser la soupe dans des bols et arroser d'un filet de crème liquide. Servir avec les tartines de fromage fondu coupées en deux.

MARDI TARTES & SOUPES

Soupe udon aux champignons

& crevettes

À la casserole	Printemps/Été

Conservation : Jusqu'à 3 jours

Ustensiles : 2 boîtes de conservation

Conseil : Ce bouillon peut également se déguster froid.

Ingrédients

3 cuil. à soupe de pâte miso

1 sachet de nouilles udon

100 g de crevettes roses cuites

100 g de champignons de Paris finement émincés

2 à 3 radis roses ronds émincés

Une poignée de pois de soja edaname cuits

2 brins de ciboule émincée

VENDREDI HAPPY

À faire à l'avance — 15 min

Dans une casserole, verser une grande quantité d'eau, faire bouillir, puis ajouter les nouilles udon. Les laisser cuire 2 à 3 min, puis les égoutter immédiatement en les passant sous l'eau froide. Pendant ce temps, faire chauffer 700 ml d'eau dans une autre casserole. Quand l'eau frémit, ajouter la pâte miso, puis bien mélanger. Couper les crevettes roses en deux et les placer dans une boîte au frais. Ajouter les champignons émincés et les edaname au bouillon au miso. Placer le bouillon dans une boîte au frais.

À faire le jour J — 10 min

Faire réchauffer le bouillon au miso dans une casserole. Au moment de déguster, ajouter les nouilles précuites dans le bouillon chaud, puis répartir dans des bols. Parsemer avec la ciboule émincée, les rondelles de radis et les crevettes coupées en deux.

Beignets de maïs

& mesclun

Au wok	Printemps/Été

Conservation : Jusqu'à 2 jours

Ustensiles : 1 blender ou mixeur, film alimentaire, papier absorbant

Conseil : Vous pouvez très bien déguster ces beignets dans un sandwich ou un burger.

Ingrédients

- 2 boîtes de maïs en conserve
- 2 œufs
- 50 ml de crème liquide
- 2 cuil. à soupe de farine de riz ou de blé
- 1 pincée de paprika en poudre
- 1 cuil. à café de levure chimique
- 100 ml d'huile de tournesol
- 1/4 de chou blanc
- 1 sachet de mesclun
- 1 bol de vinaigrette à la moutarde

MERCREDI À PARTAGER

À faire à l'avance ⧗ 15 min

Casser les œufs, séparer les blancs des jaunes. Dans un saladier, battre les jaunes, ajouter la farine et mélanger progressivement. Mixer le maïs dans un blender. Le verser dans le mélange œufs/farine, ajouter la levure. Mélanger. Saler et poivrer. Monter les blancs d'œuf en neige. Les mélanger avec le maïs. Ajouter une pincée de paprika. Filmer cette préparation et la placer au frais.

À faire le jour J ⧗ 15 min

Émincer le chou blanc finement. Faire chauffer l'huile de tournesol dans une sauteuse ou un wok. Former des petites galettes de pâte au maïs et les plonger dans l'huile chaude jusqu'à ce qu'elles dorent. Les égoutter et les déposer sur du papier absorbant. Servir les beignets de maïs sur un lit de salade de chou blanc et de mesclun avec une vinaigrette à la moutarde.

Blinis de patates douces, saumon fumé

& salade épinard et concombre aneth

À la casserole	Automne/Hiver

Conservation : Jusqu'à 2 jours

Ustensiles : 1 batteur, 1 poêle, 1 boîte de conservation

~~Conseil : Vous pouvez remplacer le fromage de chèvre par de la feta.~~

Ingrédients

250 g de patates douces
50 g de farine
2 œufs + 1 blanc d'œuf
4 cuil. à soupe de yaourt nature
150 ml de lait
200 ml de crème liquide
2 cuil. à soupe d'huile d'olive
1 concombre
3 brins d'aneth
Sauce vinaigrette à la moutarde
250 g de saumon fumé
Crème fraîche épaisse pour le service

MERCREDI À PARTAGER

À faire à l'avance — 25 min

Éplucher et faire cuire les patates douces environ 20 min dans l'eau bouillante. Les réduire en purée (à la fourchette). Ajouter la farine et les œufs entiers en remuant. Saler et poivrer. Ajouter le yaourt et le lait et mélanger encore. Battre le blanc d'œuf en neige, l'incorporer à la pâte et mélanger délicatement. Dans une poêle antiadhésive, faire chauffer un peu d'huile d'olive et verser délicatement la valeur d'une petite louche de pâte de façon à former un blini de 10 cm de diamètre. Faire cuire tous les blinis 3 min sur chaque face. Les placer dans une boîte au frais.

À faire le jour J — 5 min

Couper le concombre en fines rondelles. Le placer dans un saladier, ajouter la sauce moutarde et l'aneth ciselée. Mélanger. Servir les blinis tièdes, avec la crème fraîche et les tranches de saumon préalablement assaisonné avec de l'aneth.

Petits buns au crabe

Au four	Automne/Hiver

Conservation : Jusqu'à 3 jours

Ustensiles : grill ou grille-pain, 1 boîte de conservation

Conseil : Ces petits buns peuvent très bien s'emporter dans une lunch box.

Ingrédients

- 4 petits pains au lait
- 1/2 crabe cuit ou 200 g de chair de crabe en boîte
- 1 citron jaune
- 2 branches de céleri
- 1/2 botte de ciboulette
- 3 cuil. à soupe de mayonnaise
- 100 g de beurre

À faire à l'avance — 15 min

Émincer le céleri et la ciboulette très finement. Mélanger la chair du crabe avec la mayonnaise, la ciboulette et le céleri. Mettre dans une boîte au frais.

À faire le jour J — 10 min

Faire fondre le beurre, ajouter 1 cuillérée à soupe de jus du citron et mélanger. Ouvrir les petits pains sur le dessus, Les faire griller légèrement au four à 200 °C pendant 3 min, puis les arroser de beurre fondu au citron. Les remplir de la préparation au crabe. Arroser de jus de citron et parsemer de ciboulette ciselée.

MERCREDI À PARTAGER

Flamekuche

À la poêle	Automne/Hiver
Conservation : Jusqu'à 4 jours Ustensiles : plaque allant au four Conseil : Vous pouvez déguster votre flamekuche avec une salade de mesclun et épinards.	

Ingrédients

2 oignons jaunes

2 barquettes de lardons

20 cl de crème épaisse ou fromage blanc

Muscade

Poivre

Pâte brisée ou pâte à pizza

À faire à l'avance ⧗ 10 min

Émincer les oignons finement. Dans une poêle à bords hauts, faire suer l'oignon et ajouter les lardons. Les faire suer à feu vif. Baisser le feu et ajouter la crème épaisse, mélanger et laisser réduire 10 min. Placer la sauce crémeuse dans une boîte au frais.

À faire le jour J ⧗ 15 min

Préchauffer le four à 200 °C. Dérouler la pâte. Étaler la crème aux lardons et oignons sur toute la surface de la pâte. Enfourner pour 15 min.

MERCREDI À PARTAGER

Lasagnes de bœuf au pesto

Au four	Automne/Hiver

Conservation : Jusqu'à 3 jours

Ustensiles : 1 casserole, 1 plat à gratin, film alimentaire

Conseil : N'hésitez pas à préparer ces lasagnes en plus grosse quantité. Vous pourrez ainsi les congeler et les servir quelques semaines plus tard.

Ingrédients

1 paquet de feuilles de lasagnes fraîches ou précuites

350 g de bœuf haché

1 oignon jaune

2 cuil. à soupe d'huile d'olive

1 cuil. à café d'ail semoule

1 pot de pulpe de tomate

1 sachet d'emmental râpé

1 cuil. à café d'origan séché

1 tube ou 1 pot de pesto

1 pot de béchamel déjà prête

100 ml de crème liquide

MERCREDI À PARTAGER

À faire à l'avance ⧗ 25 min

Couper l'oignon et le faire revenir dans une casserole huilée. Dès qu»il colore, ajouter la viande hachée. Mélanger jusqu»à ce qu'elle brunisse, y ajouter la pulpe de tomate, l'origan et l'ail semoule. Saler et poivrer, et laisser cuire à feu moyen au moins 20 min jusqu'à ce que la sauce devienne un peu épaisse. Quand la sauce est cuite, l'assaisonner. Dans le fond d'un plat à gratin rectangulaire, étaler une fine couche de sauce bolognaise, disposer les feuilles de lasagne suivant la largeur du plat, ajouter une couche d'environ 1 cm de sauce bolognaise puis verser de la béchamel, mettre un peu de pesto et l'étaler sur toute la surface avec la pointe du couteau. Déposer à nouveau des feuilles de lasagnes. Les recouvrir de sauce béchamel et ajouter une pointe de pesto. Parsemer d'emmental râpé. Filmer le plat à gratin et placer au frais.

À faire le jour J ⧗ 20 min

Préchauffer le four à 200 °C. Enfourner les lasagnes pendant 20 min. Les servir accompagnées d'une salade verte.

Pizza margherita

Au four	Printemps/Été

Conservation : Jusqu'à 3 jours

Ustensiles : plaque allant au four, film alimentaire

Conseil : Vous pouvez ajouter d'autres ingrédients sur votre pizza : champignons, oignons, etc.

Ingrédients

1 pâte à pizza

1 grosse boule de mozzarella « fior di latte »

1 bocal de sauce tomate spécial pizza

3 brins de basilic frais

2 pincées d'origan séché

1 pincée de fleur de sel

À faire à l'avance — 5 min

Couper la mozzarella en tranches pas trop fines. Dérouler la pâte à pizza sur sa feuille de papier sulfurisé, la placer sur une plaque à four ou une planche à découper, étaler de la sauce tomate uniformément sur toute la surface de la pâte, placer les rondelles de mozzarella et saupoudrer d'origan. Filmer la pizza et la placer au réfrigérateur jusqu'au jour J.

À faire le jour J — 10 min

Préchauffer le four à 210 °C. Disposer quelques feuilles de basilic sur la pizza, saler avec un peu de fleur de sel et enfourner pour 10 min. Ajouter quelques feuilles de basilic fraîches sur la pizza chaude et déguster aussitôt.

MERCREDI À PARTAGER

Quesadillas de poulet

& salade iceberg

À la poêle	Printemps/Été

Conservation : Jusqu'à 3 jours

Ustensiles : 4 boîtes de conservation, 1 bocal

Conseil : Vous pouvez très bien utiliser un reste de poulet rôti.

Ingrédients

- 4 galettes wrap ou tortillas de blé ou de maïs
- 400 g de filet de poulet fermier
- 1 gousse d'ail
- 100 g de cheddar râpé
- 100 g de sauce tomate
- 1/2 poivron rouge
- 1/2 oignon rouge
- Huile d'olive
- Quelques brins de coriandre
- 3 cuil. à soupe de crème fraîche épaisse
- 1 salade iceberg

Pour la sauce :

- 2 cuil. à soupe de crème fraîche liquide
- 1 cuil. à soupe de moutarde
- 2 cuil. à soupe de jus de citron
- Sel, poivre 5 baies

MERCREDI À PARTAGER

À faire à l'avance ⧗ 15 min

Émincer l'oignon. Émincer le poivron en lanières et la gousse d'ail. Faire revenir le poulet dans une poêle avec un filet d'huile d'olive. Saler et poivrer. Réserver le poulet. Dans la même poêle, faire cuire le poivron, l'ail et la sauce tomate. Placer tous les ingrédients (sauce aux poivrons, poulet et oignons rouges) dans des boîtes au frais. Émincer la salade et la mettre dans une boîte. Mélanger les ingrédients de la sauce, la verser dans un bocal et la placer au frais.

À faire le jour J ⧗ 15 min

Faire chauffer un filet d'huile d'olive dans une poêle, placer une galette, laisser chauffer 1 min, puis ajouter du poulet, de la sauce aux poivrons, du cheddar râpé, et placer une seconde galette par dessus, verser un autre filet d'huile d'olive et appuyer, laisser cuire 1 min puis la retourner et poursuivre la cuisson encore 1 min. Déposer la quesadillas chaude dans une assiette, la couper en deux ou en quatre. Servir avec la salade iceberg, la coriandre et la sauce crémeuse.

Samoussas feta menthe

& salade de mâche aux noix

Au four	Automne/Hiver

Conservation : Jusqu'à 3 jours

Ustensiles : 1 plaque allant au four, film alimentaire

Conseil : Les samoussas peuvent se garnir de nombreuses manières : viande, légumes, fromage. Vous êtes libre !

Ingrédients

1 œuf

200 g de feta

1/2 bouquet de menthe

1 paquet de feuilles de brick

Huile d'olive ou beurre fondu

Pour la salade :

500 g de mâche

30 g de cerneaux de noix

Huile de noix

Vinaigre de cidre

Moutarde Savora®

MERCREDI À PARTAGER

À faire à l'avance ⧗ 15 min

Dans un bol, et à l'aide d'une fourchette, émietter la feta et l'écraser, puis casser l'œuf et le battre. Ciseler la menthe et l'ajouter à la préparation, poivrer. Sur le plan de travail, disposer une feuille de brick, la couper en deux. Replier la demi-lune sur sa longueur pour obtenir une bande de 7 à 8 cm de large et de 25 à 30 cm de haut. Placer 1 cuil. à soupe du mélange à la feta sur le haut de la feuille de brick, puis replier en descendant en formant des triangles. Placer le samoussa sur une assiette ; lorsqu'ils sont tous formés, les filmer et placer au frais.

À faire le jour J ⧗ 20 min

Préchauffer le four à 200 °C. Badigeonner les samoussas de beurre fondu (ou d'huile d'olive), puis les enfourner pour 15 à 20 min. Laver la mâche, l'essorer. Concasser les cerneaux de noix. Mélanger vinaigre de cidre, huile de noix, sel, poivre et moutarde Savora. Servir les samoussas chauds avec la salade de mâche.

Tacos poulet avocat

À la poêle	Printemps/Été

Conservation : Jusqu'à 3 jours

Ustensiles : 1 mixeur, 3 boîtes de conservation

Conseil : Vous pouvez également réaliser ces tacos avec du bœuf.

Ingrédients

300 g de filets de poulet haché

1 paquet de mini tortillas de blé ou de maïs

2 avocats bien mûrs

2 citrons verts (ou jaunes)

2 tomates

1/2 salade iceberg

1/2 botte de coriandre

1 oignon rouge émincé

1 sachet de cheddar râpé

2 cuil. à soupe d'huile d'olive ou de coco

1/2 cuil. à café de cumin en poudre

1/2 cuil. à café de gingembre en poudre

1/2 cuil. à café de coriandre en poudre

1 gousse d'ail ou 1 cuil. à café d'ail semoule sèche

Sel, poivre

MERCREDI À PARTAGER

À faire à l'avance — 15 min

Dans une poêle, faire revenir l'oignon et l'ail dans un filet d'huile d'olive ou de coco. Ajouter le poulet haché et les épices en poudre. Saler légèrement et mélanger, puis laisser dorer 4 à 5 min. Laisser refroidir et placer dans une boîte au frais. Réaliser un guacamole en mixant la pulpe des avocats avec le jus d'un citron et quelques feuilles de coriandre fraîche. Saler et poivrer, puis placer dans une boîte au frais. Couper les tomates en petits dés et les placer dans une boîte au frais.

À faire le jour J — 5 min

Émincer la salade iceberg. Sortir les boîtes du réfrigérateur et faire réchauffer le mélange au poulet. Servir les tortillas tièdes, avec un peu de guacamole, de salade iceberg, de tomates et de poulet. Parsemer de cheddar râpé.

Cabillaud en croûte de parmesan

& petites pâtes

Au four	Printemps/Été

Conservation : Jusqu'à 2 jours

Ustensiles : 1 casserole, 1 rouleau à pâtisserie, du papier sulfurisé, 1 plaque allant au four, 2 boîtes de conservation

Conseil : Vous pouvez très bien remplacer les petites pâtes par du riz ou encore de la semoule.

Ingrédients

4 pavés de cabillaud

200 g de parmesan râpé

100 g de beurre

100 g de chapelure

½ botte de persil ciselé

Pour les pâtes :

200 g petites pâtes type Orzo

100 g de pois gourmands ou pois sucrés

Un filet d'huile d'olive

½ botte de ciboulette ciselée

Sel, poivre

JEUDI COMPLET

À faire à l'avance — 25 min

Préparer la croûte de parmesan : mélanger le parmesan, le beurre ramolli, la chapelure, le persil ciselé dans un mixeur. Étaler la pâte entre deux feuilles de papier sulfurisé à l'aide d'un rouleau à pâtisserie. Placer au congélateur 5 min, puis la couper en carrés de même taille que les pavés de poisson, puis les filmer et les placer au frais jusqu'au jour J. Faire cuire les petites pâtes Orzo dans une grande quantité d'eau salée, les égoutter puis les arroser d'un filet d'huile d'olive. Les placer dans une boîte au frais. Faire blanchir les pois gourmands dans une casserole d'eau salée pendant 5 min, les égoutter et placer dans une boîte au frais.

À faire le jour J — 10 min

Préchauffer le four position grill. Sur une plaque ou un plat allant au four, disposer les pavés de cabillaud recouverts de la croûte. Les enfourner pour les faire gratiner 5 min. Servir avec les petites pâtes Orzo mélangées aux pois gourmands, assaisonnées d'huile d'olive ou de beurre, sel et poivre. Saupoudrer de ciboulette ciselée finement.

Riz sauté au chou frisé

& magret fumé

Au wok	Printemps/Été
Conservation : Jusqu'à 3 jours **Ustensiles :** 1 casserole, 1 boîte de conservation **Conseil :** Pour la cuisson du riz, c'est un verre de riz pour un verre et demi d'eau. Sinon, il vaut mieux que le riz soit sous cuit que trop cuit.	

Ingrédients

1/4 de chou frisé ou chou chinois
250 g de riz complet
3 cuil. à soupe d'huile de coco
1 gousse d'ail
1 botte de ciboulette
2 cuil. à soupe de sauce soja sucrée
2 paquets de magrets fumés (2 x 90 g)

À faire à l'avance — 15 min

Faire cuire le riz dans une casserole d'eau salée. L'égoutter. Émincer le chou frisé très finement. Émincer l'ail. Dans un wok, faire chauffer légèrement l'huile de coco, faire sauter le riz avec le chou et l'ail. En fin de cuisson, ajouter la sauce soja sucrée et bien mélanger le tout. Laisser refroidir, puis placer dans une boîte au frais.

À faire le jour J — 10 min

Faire réchauffer le riz sauté au wok ou dans une casserole. Le servir avec des tranches de magret fumé et parsemer de ciboulette ciselée.

JEUDI COMPLET

Croque-madame

Au four	Printemps/Été

Conservation : Jusqu'à 2 jours

Ustensiles : 1 casserole, 1 poêle, 1 boîte de conservation

Conseil : Vous pouvez ajouter des légumes dans vos croques comme des tomates séchées ou des lamelles de poivrons.

Ingrédients

- 4 grandes tranches de pain Poilane®
- 200 ml de béchamel en pot
- Un peu de cheddar râpé
- 4 tranches de jambon blanc
- Emmental ou comté râpé
- 4 œufs bio
- 20 g de beurre
- 1 sachet de mesclun
- 4 cuil. à soupe de moutarde à l'ancienne
- Sel, poivre

JEUDI COMPLET

À faire à l'avance — 15 min

Dans une casserole, faire chauffer la béchamel en pot. Lorsqu'elle est chaude, retirer du feu et incorporer le cheddar râpé, puis remuer jusqu'à ce qu'il soit fondu. Réserver. Recouvrir chaque tranche de pain d'un peu de moutarde à l'ancienne, puis de béchamel. Ajouter une tranche de jambon coupée en deux puis refermer avec une tranche de pain. Placer les croque-monsieur dans une boîte au frais.

À faire le jour J — 10 min

Préchauffer le four à 210 °C. Enfourner les croque-monsieur 1-2 min, jusqu'à ce qu'ils soient bien dorés. Pendant ce temps, dans une poêle, faire fondre le beurre. Casser les œufs dans la poêle. Saler et poivrer. Faire cuire les œufs pendant 3 min de façon à obtenir des œufs au miroir. Recouvrir chaque sandwich d'un œuf au miroir et servir aussitôt, accompagné de mesclun.

Curry de crevettes au lait de coco

& riz

À la casserole	Automne/Hiver

Conservation : Jusqu'à 2 jours

Ustensiles : 1 boîte de conservation

Conseil : Vous pouvez utiliser des crevettes cuites mais attention à la cuisson.

Ingrédients

Pour le curry :

- 24 grosses crevettes crues décortiquées (150 g)
- 400 g de tomates concassées
- 250 ml de lait de coco
- 1 gros oignon doux ou rouge
- 1 branche de céleri
- 1 patate douce
- 1 cuil. à soupe d'huile de coco
- 2 cuil. à café de pâte de curry rouge
- Sel, poivre 5 baies

Pour le riz :

- 200 g de riz basmati
- Coriandre ou basilic thaï

JEUDI COMPLET

À faire à l'avance — 15 min

Éplucher et couper la patate douce et le céleri en petits cubes. Éplucher l'oignon et l'émincer. Dans une casserole, verser l'huile de coco, faire chauffer à feu moyen. Ajouter le curry, puis l'oignon et la patate douce. Mélanger doucement et laisser cuire 2 à 3 min. Verser le lait de coco et laisser cuire 10 min. En fin de cuisson, lorsque les dés de patate douce sont tendres, ajouter les crevettes décortiquées et couvrir. Laisser cuire 5 à 10 min. Puis mélanger et rectifier l'assaisonnement. Laisser refroidir et mettre dans une boîte au frais.

À faire le jour J — 15 min

Réchauffer le curry pendant 10 à 15 min à feu doux. Pendant ce temps, faire cuire le riz comme indiqué sur l'emballage. Égoutter le riz. Répartir le curry dans de grands bols et parsemer de coriandre ou de basilic thaï ciselée.

Gratin de butternut

& lardons

À la casserole	Automne/Hiver

Conservation : Jusqu'à 4 jours

Ustensiles : 1 plat à gratin, film alimentaire

Conseil : Vous pouvez placer les lardons sur un papier absorbant pour se débarrasser du surplus de gras.

Ingrédients

1 butternut ou 800 g de chair de potiron coupée en dés surgelés

250 ml de lait de coco ou de crème liquide

150 g d'emmental râpé ou de parmesan râpé

200 g de lardons

2 cuil. à soupe d'huile d'olive

2 gousses d'ail

1 cm de gingembre

1 cuil. à café de coriandre en poudre

Sel

Un peu de chapelure

Graines de courge

À faire à l'avance — ⧗ 20 min

Couper la butternut en cubes de 3 cm environ, puis retirer la peau des morceaux. Cuire les morceaux dans un fond d'eau non salée pendant 5 min. Les morceaux doivent être tendres, mais pas trop mous. Faire cuire les lardons quelques minutes dans une poêle sans matière grasse. Disposer les morceaux de butternut et les lardons dans un plat à gratin, en mélangeant délicatement. Saler et poivrer, ajouter la coriandre. Verser le lait de coco. Parsemer d'emmental râpé ou de parmesan, de chapelure et de graines de courge. Filmer le gratin et le placer au frais.

À faire le jour J — ⧗ 20 min

Enfourner le gratin 20 mn environ dans un four préchauffé à 210 °C.

JEUDI COMPLET

Parmentier de saumon

Conservation : Jusqu'à 2 jours

Ustensiles : 1 plat à gratin, film alimentaire

Conseil : Dégustez bien chaud accompagné d'une salade de mâche ou mesclun.

Ingrédients

- 1 sachet et demi de purée instantanée en flocons
- 600 ml de lait
- 30 g de beurre demi-sel
- 500 g de filets de saumon frais (sans arêtes)
- 100 ml crème liquide
- 1 sachet d'emmental ou de comté râpé
- 2 cuil. à soupe de ciboulette ciselée
- 1 noix de beurre
- Un filet d'huile d'olive
- Sel, poivre

JEUDI COMPLET

À faire à l'avance — 15 min

Faire chauffer une poêle à feu vif, verser un filet d'huile d'olive et déposer les filets de saumon avec la peau. Les laisser cuire 8 à 10 min, puis les retourner et enlever la peau. Écraser les filets de saumon dans la poêle à l'aide d'une fourchette, puis ajouter la crème liquide, et la ciboulette. Saler et poivrer, puis mélanger. Préparer la purée comme indiqué sur l'emballage, puis ajouter le beurre demi-sel. Bien mélanger. Dans un plat à gratin, déposer le mélange crémeux au saumon puis étaler la purée par-dessus. Saupoudrer d'emmental râpé, filmer le gratin et le placer au frais.

À faire le jour J — 25 min

Sortir le gratin du réfrigérateur. Préchauffer le four à 180/200 °C, puis enfourner le gratin pour 25 à 30 min.

Queue de lotte pochée, courgettes vapeur

& mayonnaise citron vert

À la casserole	Automne/Hiver

Conservation : Jusqu'à 2 jours

Ustensiles : 1 casserole (ou faitout), panier vapeur, 2 boîtes de conservation

Conseil : Faites bien attention à la cuisson du cabillaud pour éviter qu'il ne sèche avec une surcuisson.

Ingrédients

400 g de queue de lotte sans peau
8 petites courgettes
150 g de mayonnaise
1 citron vert

Pour le bouillon :
1 citron vert bio
100 g de chorizo
2 branches de céleri
1/2 oignon
1 gousse d'ail
Graines de coriandre
1 feuille de laurier
Fleur de thym
500 ml d'eau
50 ml de vin blanc
1 citron vert

JEUDI COMPLET

À faire à l'avance — 20 min

Couper la queue de lotte en petits tronçons de 7 à 10 cm de long. Dans une casserole (ou faitout), verser 500 ml d'eau et 50 ml de vin blanc. Ajouter les écorces du citron vert, le chorizo coupé en rondelles, les branches de céleri coupées en longs tronçons, le demi-oignon, la feuille de laurier, le thym, les graines de coriandre et l'ail émincé. Faire chauffer. À ébullition, baisser le feu, et plonger les morceaux de lotte dans le bouillon. Les laisser cuire 8 min environ. Les égoutter et les placer dans une boîte au frais. Couper les courgettes en rondelles et les faire cuire 8 min à la vapeur. Les laisser refroidir avant de les placer dans une boîte au frais.

À faire le jour J — 5 min

Mélanger la mayonnaise avec le zeste d'un citron vert bio. Servir froid ou chaud lotte et courgettes avec la mayonnaise au citron vert. Ajouter les rondelles de chorizo du bouillon.

Orechiette aux poireaux et saucisses

À la casserole | Automne/Hiver

Conservation : Jusqu'à 3 jours

Ustensiles : 1 poêle,
2 boîtes de conservation

~~Conseil : Vous pouvez remplacer le fromage de chèvre par de la feta.~~

Ingrédients

2 gros poireaux
2 échalotes
10 g de beurre
200 g de pâtes type orecchiette
2 saucisses de Morteau ou Toulouse
1 cuil. à soupe d'huile d'olive
150 ml de crème liquide
1 gousse d'ail
1 pincée de thym séché
60 g de parmesan
Poivre 5 baies
Sel et gros sel

JEUDI COMPLET

À faire à l'avance ⧗ 20 min

Émincer les poireaux, puis les laver. Émincer les échalotes. Râper le parmesan et tailler quelques copeaux à l'aide d'un économe. Dans une casserole, faire réduire la crème liquide avec l'ail pressée et une pincée de thym, puis ajouter le parmesan et un tour de moulin de poivre. Placer la crème de parmesan dans une boîte au frais. Dans une poêle, faire suer les échalotes dans un peu de beurre avec une pincée de sel. Ajouter les poireaux et laisser fondre 10 min à feu doux et à couvert avec une cuillère d'eau. Dans une poêle avec un peu d'huile d'olive, colorer les saucisses sur toutes les faces pendant 5 min. Faire cuire les orecchiete, puis les égoutter et les mélanger avec les poireaux. Les laisser refroidir, puis les placer dans une boîte au frais.

À faire le jour J ⧗ 10 min

Faire réchauffer les orecchiete, les saucisses en rondelles et la sauce parmesan dans la casserole et servir aussitôt. Ajouter quelques copeaux de parmesan et arroser d'un léger filet d'huile d'olive.

Poêlée de légumes verts

& filets de poulet fermier au jus d'orange

À la poêle	Printemps/Été

Conservation : Jusqu'à 3 jours

Ustensiles : 1 wok, 2 boîtes de conservation

Conseil : Vous pouvez adapter la recette en fonction de vos goûts en matière de légumes.

Ingrédients

Pour la poêlée :

100 g de pois gourmands

100 g de brocoli coupé en morceaux

100 g d'asperges vertes coupées en tronçons

100 g de petits pois écossés

2 branches de céleri coupées en tronçons

1 courgette coupée en petits morceaux

3 cuil. à soupe d'huile d'olive

Pour le poulet :

4 filets de poulet fermier

2 cuil. à soupe d'huile d'olive

Le jus d'une orange à jus bio

Sel, poivre

JEUDI COMPLET

À faire à l'avance ⧗ 20 min

Dans une grande quantité d'eau salée, plonger les légumes verts, les laisser cuire entre 5 à 8 min, puis les égoutter. Les laisser refroidir, puis les placer dans une boîte au frais. Dans une poêle avec un filet d'huile d'olive, faire dorer les filets de poulet 5 à 8 min sur chaque face. Lorsqu'ils sont bien dorés, verser le jus d'orange, et laisser le jus napper les filets de poulet. Laisser refroidir et placer les placer avec le jus dans une boîte au frais.

À faire le jour J ⧗ 10 min

Dans un grand wok, verser un filet d'huile d'olive, déposer les légumes verts, et les faire sauter 5 à 8 min, puis saler et poivrer. Ajouter les filets de poulet et les réchauffer avec les légumes chauds. Servir immédiatement.

Brochettes de poulet tikka

& blé

À la casserole	Printemps/Été

Conservation : Jusqu'à 3 jours

Ustensiles : 1 râpe, des piques à brochettes, 2 boîtes de conservation

Conseil : Vous pouvez remplacer le blé par du riz ou des pâtes.

Ingrédients

600 g de blancs de poulet

2 yaourts nature

1 citron vert

1 gousse d'ail

1 cm de gingembre frais

1 cuil. à café de garam masala en poudre

1 cuil. à café de curcuma en poudre

1 cuil. à café de paprika ou piment doux en poudre

1 cuil. à café de cumin en poudre

Graines de sésame

350 g de blé

Huile d'olive

Sel, poivre 5 baies

JEUDI COMPLET

À faire à l'avance ⧗ 15 min

Couper les filets de poulet en gros cubes de 2 cm de côté. Presser l'ail, éplucher et râper le gingembre avec une râpe fine. Dans un saladier, déposer les cubes de poulet, les yaourts, l'ail et le gingembre, les épices en poudre, l'huile d'olive, le jus de citron, puis saler et poivrer. Bien mélanger et laisser mariner au frais dans une boîte. Faire cuire le blé dans une grande quantité d'eau salée. L'égoutter et le placer dans une boîte au frais.

À faire le jour J ⧗ 20 min

Préchauffer le four en position grill. Sur des piques en bois, embrocher les cubes de poulet et les faire cuire au four pendant 20 à 25 min. Réchauffer le blé au micro-ondes. Servir avec les brochettes parsemées de graines de sésame.

Salade de pommes de terre tièdes

& truite fumée

À la casserole	Automne/Hiver

Conservation : Jusqu'à 2 jours

Ustensiles : 2 boîtes de conservation

Conseil : La peau des rattes est tellement fine qu'elle peut tout à fait se manger, c'est délicieux !

Ingrédients

- 500 g de pommes de terre rattes
- 1 pincée de gros sel
- 250 g de truite fumée
- 1 bouquet d'herbes aromatiques fraîches (aneth, ciboulette, cerfeuil)
- 3 cuil. à soupe de mayonnaise
- 1 cuil. à café de vinaigre de cidre
- 1 échalote
- 2 cuil. à soupe de crème épaisse
- Fleur de sel
- Poivre 5 baies
- 1 citron jaune bio

JEUDI COMPLET

À faire à l'avance — 20 min

Mettre les pommes de terre dans une casserole d'eau froide avec une pincée de gros sel. Les faire cuire : les pommes de terre sont cuites dès q u'on peut facilement les transpercer au couteau. Les égoutter et les laisser refroidir. Les placer dans une boîte au frais. Pendant ce temps, préparer la sauce : mélanger la crème fraîche avec la mayonnaise, le vinaigre de cidre et l'échalote ciselée. Saler et poivrer. Placer cette sauce dans un boîte au frais.

À faire le jour J — 10 min

Couper les pommes de terre en deux. Les mettre dans un grand saladier et ajouter la sauce crémeuse. Bien mélanger. Servir avec de la truite fumée coupée en lanières et des herbes aromatiques ciselées ou effeuillées. On peut aussi ajouter le zeste d'un citron jaune bio.

Salade d'épinard, pamplemousse, avocat et gésiers confits

Sans cuisson	Automne/Hiver

Conservation : Jusqu'à 2 jours

Ustensiles : 5 boîtes de conservation

Conseil : Vous pouvez parsemer votre salade de graines de courge ou autres.

Ingrédients

Pour la salade :

400 g d'épinards frais

1 pamplemousse rose

2 avocats mûrs à point

200 g de gésiers confits

1 citron jaune

Pour la sauce vinaigrette :

2 cuil. à soupe de vinaigre de cidre

4 cuil. à soupe d'huile d'olive

1 cuil. à soupe d'huile de noix

1/2 cuil. à café de moutarde Savora®

Sel, poivre

JEUDI COMPLET

À faire à l'avance — 15 min

Laver et égoutter les épinards frais. Les placer dans une boîte au frais. Peler le pamplemousse à vif (enlever toutes les peaux) et récupérer les suprêmes. Les placer dans une boîte au frais. Couper les avocats en deux, les peler et recouper la chair en tronçons, les citronner et les placer dans une boîte au frais. Faire revenir les gésiers confits dans une poêle, à feu vif pendant 5 à 8 min. Les laisser refroidir et le placer dans une boîte au frais. Préparer la sauce vinaigrette : mélanger tous les ingrédients et les fouetter avant de la placer dans une boîte au frais.

À faire le jour J — 5 min

Faire réchauffer les gésiers dans une poêle ou au micro-ondes. Dans un grand saladier, déposer les épinards frais, puis ajouter le pamplemousse, les avocats, les gésiers tièdes, et arroser avec la sauce vinaigrette. Bien mélanger et servir sans attendre avec du pain de campagne.

Salade de pâtes

& billes de mozzarella au jambon cru

À la casserole	Printemps/Été

Conservation : Jusqu'à 4 jours

Ustensiles : 1 poêle, 3 boîtes de conservation

Conseil : C'est le genre de salade idéale pour les pique-niques et pour emporter au bureau.

Ingrédients

400 g de pâtes type fusilli
80 g de pesto au basilic
120 g de tomates cerise
30 g de pignons de pin
100 g de billes de mozzarella
30 g de parmesan en copeaux
4 tranches de jambon cru
2 cuil. à soupe d'huile d'olive
Quelques feuilles de basilic

JEUDI COMPLET

À faire à l'avance — 15 min

Dans une casserole d'eau salée, faire cuire les pâtes, comme indiqué sur le paquet pour qu'elles soient al dente. Compter environ 10 min. Garder 4 cuil. à soupe d'eau de cuisson. Passer les pâtes sous l'eau et les laisser refroidir complètement. Laver et sécher les tomates cerise. Les couper en deux. Réserver dans une boîte au frais. Faire torréfier les pignons de pin à la poêle. Les faire refroidir et placer dans une boîte. Mélanger le pesto avec l'eau de cuisson et l'huile d'olive. Le mélange doit être épais et pas trop liquide. Ajouter les pâtes et mélanger pour bien les enrober. Réserver. Placer les pâtes dans un boîte au frais.

À faire le jour J — 5 min

Tailler le jambon cru en lanières et les mettre dans les pâtes. Ajouter les pignons, les copeaux de parmesan, les billes de mozzarella et les tomates cerise et mélanger délicatement. Décorer de feuilles de basilic si vous le souhaitez. Parsemer de basilic frais au moment de servir.

Tagliatelles fraîches aux pleurotes et estragon

À la poêle	Automne/Hiver

Conservation : Jusqu'à 3 jours
Ustensiles : 3 boîtes de conservation
Conseil : Vous pouvez utiliser des dés de butternut congelés.

Ingrédients

400 g de tagliatelles fraîches
350 g de pleurotes
150 g de butternut coupée en dés
2 gousses d'ail
5 à 6 tranches de coppa
3 cuil. à soupe d'huile d'olive
50 ml de crème liquide
1 botte d'estragon
Sel, poivre 5 baies

JEUDI COMPLET

À faire à l'avance — 15 min

Dans une grande casserole, faire bouillir l'eau salée et y plonger les tagliatelles. Les laisser cuire à petit frémissement 3 à 4 min, les égoutter et les arroser d'un filet d'huile, puis les placer dans une boîte au frais. Émincer les pleurotes et l'ail. Dans une poêle, verser l'huile d'olive, ajouter l'ail, les pleurotes et les dés de butternut. Laisser suer 4 à 5 min en remuant, puis saler et poivrer. Laisser cuire 10 min à couvert. Laisser refroidir et placer le mélange dans une boîte au frais. Faire griller la coppa dans une poêle à sec pendant 3 à 4 min, puis la couper en lanières et la placer dans une boîte au frais.

À faire le jour J — 5 min

Ciseler l'estragon. Faire réchauffer les tagliatelles au micro-ondes ou en les plongeant 2 min dans l'eau bouillante. Les égoutter. Faire chauffer la crème liquide 1 min au micro-ondes. Verser la préparation aux pleurotes dans un saladier de service, puis ajouter la crème chaude, l'estragon ciselé et la coppa. Rectifier l'assaisonnement.

Steak de thon aux épices
& tzatziki

À la poêle	Automne/Hiver

Conservation : Jusqu'à 2 jours

Ustensiles : râpe à fromage, 2 boîtes de conservation

Conseil : Attention à ne pas trop cuire le thon. Le cœur peut rester rosé.

Ingrédients

4 steaks de thon de 100 à 150 g chacun

Pour la marinade :

- 1 cuil. à soupe de pâte de sésame (tahini)
- 2 cuil. à café de curcuma en poudre
- 2 cuil. à café de cumin en poudre
- 2 cuil. à café de piment doux en poudre
- 10 ml d'huile d'olive
- 1 cuil. à soupe d'ail semoule
- 4 cuil. à soupe de coriandre ciselée
- 4 cuil. à soupe d'aneth ciselée

Pour le tzatziki :

- 1 concombre
- Yaourt grec nature
- 3 brins de menthe
- Sel, poivre

JEUDI COMPLET

À faire à l'avance — 15 min

Dans un bol, mélanger tous les ingrédients de la marinade à l'aide d'une fourchette pour bien l'amalgamer. Recouvrir les tranches de thon de marinade et les disposer dans une boîte. Ajouter la marinade dans la boîte puis la placer au frais. Éplucher le concombre et le râper à l'aide d'une râpe à fromage moyenne. Le laisser égoutter dans une passoire quelques minutes, puis l'essorer dans un torchon propre. Le placer dans une boîte au frais.

À faire le jour J — 15 min

Dans une poêle chaude, verser un filet d'huile d'olive et faire dorer les steaks de thon sans la marinade quelques minutes de chaque côté. Dans un saladier, mélanger le concombre râpé avec le yaourt. Saler et poivrer. Ajouter la menthe ciselée, la coriandre et l'aneth. Servir le tzatziki avec les steaks de thon éventuellement parsemés de pickles d'oignons rouges (voir recette p. 28).

Salade bo bun

À la casserole	Printemps/Été

Conservation : Jusqu'à 3 jours

Ustensiles : 1 poêle, papier absorbant, 3 boîtes de conservation

Conseil : Vous pouvez ajouter du chou blanc.

Ingrédients

300 g de vermicelles de riz
4 nems
2 carottes
5 brins de menthe fraîche
50 g de cacahuètes non salées
4 cuil. à soupe d'huile de tournesol

Pour la sauce :

5 cuil. à soupe de nuoc mam
4 cuil. à soupe d'eau
1 cuil. à soupe de sucre
Piment séché
Ail séché

VENDREDI HAPPY

À faire à l'avance — 15 min

Faire bouillir une grande quantité d'eau salée dans une casserole, y plonger les vermicelles de riz pendant 2 à 3 min, puis les égoutter et les passer sous l'eau froide. Les placer dans une boîte au frais. Éplucher et râper les carottes, puis placer les dans une boîte au frais. Effeuiller la menthe. La ciseler et la conserver dans une boîte au frais ou dans un sachet.

À faire le jour J — 10 min

Préparer la sauce : mélanger la sauce nuonc mam avec un petit peu d'eau et le sucre en poudre. Ajouter l'ail en poudre et le piment séché. Dans une poêle, faire dorer les nems dans l'huile de tournesol, les retourner et les faire cuire pendant 5 à 9 min. Les déposer sur du papier absorbant. Les couper en deux. Dans chaque assiette creuse ou bol, déposer des nouilles de riz froides, recouvrir de carottes râpées puis déposer 2 nems coupés en deux. Saupoudrer de menthe ciselée et de cacahuètes, puis verser la sauce uniformément dans chaque bol. Servir sans attendre.

Burger de falafel

& sauce yaourt

À la poêle	Automne/Hiver

Conservation : Jusqu'à 4 jours

Ustensiles : 1 blender ou mixer, 1 emporte-pièce de 8 cm de diamètre, 3 boîtes de conservation

Conseil : Attention, si vous utilisez des pois chiches secs, il faut prévoir de temps de trempage. Les pois chiches doivent tremper pendant minimum 12 h.

Ingrédients

4 pains à burger (buns)

1 fromage halloumi coupé en tranches

Mesclun

Pour les galettes de falafel :

150 g de pois chiches secs (ou en conserve)

1 cuil. à soupe de farine de pois chiche ou de blé

1 oignon

2 gousses ail

1 cuil. à soupe de pâte de sésame (tahini)

3 cuil. à soupe d'huile d'olive

10 brins de persil

10 brins de coriandre

1 cuil. à soupe de paprika en poudre

1 cuil. à soupe de cumin en poudre

Pour la sauce :

150 g de yaourt grec

1 cuil. à soupe de vinaigre blanc

3 cuil. à soupe de mayonnaise

1 cuil. à soupe de moutarde Savora®

1/2 cuil. à soupe de sucre

1/4 de chou blanc

VENDREDI HAPPY

À faire à l'avance — 25 min

Dans un blender ou un mixeur, verser tous les ingrédients pour les falafels et mixer jusqu'à obtenir une pâte assez épaisse. Former des galettes à l'aide d'un emporte-pièce ou ou les faire à la main. Huiler la poêle et la faire chauffer. Faire griller les galettes de falafel jusqu'à ce qu'elles soient bien dorées. Les laisser refroidir et les placer dans une boîte au frais. Préparer la sauce : émincer finement le chou et le placer dans une boîte au frais. Dans une autre boîte, verser tous les ingrédients de la sauce et mélanger. Placer la sauce dans une boîte au frais.

À faire le jour J — 15 min

Faire réchauffer les galettes de falafel dans une poêle huilée, puis, dans cette même poêle, faire griller les tranches de halloumi. Mélanger le chou avec la sauce et en réserver un peu pour le montage. Couper les pains en deux et les faire griller. Mettre un peu de sauce sur la base, puis un peu de salade de chou, un peu de mesclun, la galette de falafel puis 1 ou 1 tranches de halloumi. Mettre encore un peu de sauce et refermer le pain. Déguster aussitôt accompagné de mesclun et du reste de sauce.

Katsudon de porc

& riz vinaigré

À la poêle	Automne/Hiver

Conservation : Jusqu'à 3 jours

Ustensiles : papier absorbant, 2 boîtes de conservation

Conseil : Pour encore plus de croustillant, vous pouvez paner votre viande deux fois.

Ingrédients

400 g d'échine de porc

Chapelure de pain

2 œufs

1 ou 2 cuil. à soupe de farine

Huile de friture

200 g de riz japonais (pour sushis)

3 cuil. à soupe de vinaigre de riz

1 cuil. à soupe de sucre en poudre

1 cuil. à café de sel fin

1 cuil. à soupe de mirin ou saké

1 cuil. à soupe de graines de sésame noir et blanc

4 brins de ciboule émincée

Sel, poivre

VENDREDI HAPPY

À faire à l'avance ⌛ 15 min

Dans une assiette creuse, battre les œufs, saler et poivrer. Saler et poivrer les échines sur les deux faces. Les plonger d'abord dans la farine, puis dans l'assiette avec les œufs battus et enfin dans la chapelure. Dans une poêle, verser de l'huile de friture à une hauteur de 1 cm, la faire chauffer et y plonger un petit morceau de mie de pain. Si le morceau remonte, c'est que l'huile est suffisamment chaude. Y plonger alors les échines. Les laisser dorer 2 à 3 min. Les égoutter et les déposer sur du papier absorbant. Une fois refroidis, les placer dans une boîte au frais. Faire cuire le riz japonais pendant 10 à 15 min dans une casserole avec la même quantité d'eau que de riz à feu très doux et à couvert. Le placer dans une boîte au frais.

À faire le jour J ⌛ 10 min

Dans un bol, mélanger le vinaigre de riz, le sucre, le mirin et le sel. Faire réchauffer le riz légèrement. Verser la sauce sur le riz et mélanger. Repartir le riz dans des bols. Déposer le porc coupé en lanières sur le riz, puis parsemer de graines de sésame noir et blanc et de ciboule ciselée.

Pad thaï

Au wok	Automne/Hiver

Conservation : Jusqu'à 3 jours

Ustensiles : 2 boîtes de conservation

Conseil : Si le tout manque de sauce, il est possible de refaire une préparation de sauce soja, sucre, jus de citron et nuoc mam.

Ingrédients

2 œufs

100 g de nouilles de riz larges

200 g de mélange de juliennes de légumes surgelés

200 g de filets de poulet ou escalopes de dinde coupés en fines lanières

1 échalote

2 cuil. à soupe de cacahuètes

2 cuil. à soupe de sauce nuoc mam

4 cuil. à soupe de sauce soja

1 cuil. à soupe de sucre

2 cuil. à soupe d'huile d'olive

Le jus d'un citron vert

Quelques brins de ciboule

Sel, poivre

VENDREDI HAPPY

À faire à l'avance — ⌛ 15 min

Faire tremper les nouilles de riz dans un saladier d'eau tiède pendant 10 min, puis les égoutter et les placer dans une boîte au frais. Dans un bol, mélanger la sauce soja, le nuoc mam, le sucre et le jus de citron. Dans un wok, verser un filet d'huile d'olive, casser les œufs et les battre en omelette. Ajouter l'échalote émincée. Ajouter les morceaux de poulet et laisser le cuire 1 à 2 min. Ajouter les légumes, poivrer et ajouter de la sauce préparée dans le bol. Mélanger non-stop pendant 2 min. Placer dans une boîte au frais.

À faire le jour J — ⌛ 10 min

Dans un wok, déposer le contenu de la boîte avec la préparation au poulet plus ajouter les nouilles de riz. Mélanger le tout à feu vif et rectifier l'assaisonnement. Au dernier moment, ajouter les cacahuètes concassées et la ciboule ciselée.

Wedges de patates douces au zaatar

& boulgour à la tomate

Au four	Automne/Hiver

Conservation : Jusqu'à 3 jours

Ustensiles : 1 plaque allan au four, 3 boîtes de conservation

Conseil : Vous pouvez très bien garder la peau des patates douces si celles-ci sont bio.

Ingrédients

Pour les wedges :

- 4 petites patates douces bio
- 1 blanc d'œuf
- 200 g de boulgour moyen ou fin
- 100 g de sauce tomate
- 3 pincées de zaatar
- 4 cuil. à soupe d'huile d'olive
- Quelques brins de coriandre ou de cerfeuil
- Sel, poivre

Pour la sauce :

- 3 cuil. à soupe de fromage blanc ou yaourt grec
- 1 cuil. à soupe de miel
- Quelques gouttes de citron
- Poivre

À faire à l'avance — 25 min

Préchauffer le four à 200 °C. Laver les patates douces et les couper en gros quartiers. Battre le blanc d'œuf dans un saladier. Y tremper les patates douces, les saupoudrer de zaatar, de sel et de poivre, puis placer sur une plaque recouverte de papier sulfurisé. Les arroser d'huile d'olive et enfourner pour 15 min . Laisser refroidir et les placer dans une boîte au frais. Faire cuire le boulgour comme indiqué sur le paquet, le laisser refroidir et le mélanger avec la sauce tomate. Placer le tout dans une boîte au frais. Préparer la sauce : mélanger tous les ingrédients et la placer dans une boîte au frais.

À faire le jour J — 10 min

Préchauffer le four à 200 °C sur position grill. Disposer les patates douces précuites sur une plaque et enfourner à mi-hauteur. Laisser griller 5 à 10 min. Faire réchauffer le boulgour à la tomate dans une casserole ou au micro-ondes. Servir le boulgour dans des assiettes avec les wedges de patate douce. Arroser de sauce au miel et parsemer de coriandre ou de cerfeuil ciselé.

VENDREDI HAPPY

Saumon teriyaki

& haricots verts

À la poêle	Printemps/Été

Conservation : Jusqu'à 2 jours

Ustensiles : 1 casserole, 3 boîtes de conservation

Conseil : Attention le saumon est une denrée fragile. Ne laissez vraiment pas plus de 2 jours dans la marinade.

Ingrédients

- 4 pavés de saumon frais de 150 g chacun, sans la peau
- Un filet d'huile d'olive ou de sésame

Pour la sauce teriyaki :

- 2 gousses d'ail
- 3 cm de gingembre
- 1 citron jaune bio
- 200 ml de sauce soja ou tamari
- 60 ml de mirin
- 50 g de sucre roux ou blond
- 2 cuil. à soupe de pâte miso
- 1 échalote ciselée

Pour les haricots :

- 200 g de haricots verts
- 1 échalote ciselée
- 1 noix de beurre
- 1 citron jaune bio
- Un filet d'huile de coco ou d'olive

JEUDI COMPLET

À faire à l'avance — ⧗ 20 min

Peler l'ail et le gingembre, puis les hacher finement. Râper le zeste du citron et presser le jus. Mettre tous les ingrédients de la sauce dans une casserole et faire chauffer à feu moyen pendant 10 min en remuant jusqu'à ce qu'elle épaississe. Placer la sauce dans une boîte. Plonger les pavés de saumon dans la sauce et placer la boîte au frais jusqu'au jour J. Faire cuire les haricots verts à la vapeur puis les placer dans une boîte au frais.

À faire le jour J — ⧗ 15 min

Égoutter le saumon. Les faire griller à la poêle dans un filet d'huile d'olive ou de sésame à feu doux, 5 min de chaque côté. Faire chauffer à feu doux la sauce dans une casserole pour la faire réduire pendant 10 min. Poêler les haricots verts dans une sauteuse avec les échalotes dans un filet d'huile de coco ou d'olive. Ajouter 4 à 5 cuillérées à soupe de marinade dans les haricots verts et une noix de beurre, faire sauter encore quelques minutes et servir avec les filets de saumon arrosés de la marinade réduite. Disposer un quartier de citron dans l'assiette.

Semaine 1

Pour 5 soirs

PRINTEMPS - ÉTÉ

Salade de riz complet, edaname, ricotta et citron
(voir p. 28)

Tarte aux tomates et au thon
(voir p. 42)

Tacos poulet avocat
(voir p. 64)

Queue de lotte pochée, courgettes vapeur & mayonnaise citron vert
(voir p. 78)

Soupe de petits pois, cresson, ricotta & chips de coppa
(voir p. 36)

Liste de courses
Pour 4 personnes

Légumes, fruits, herbes
- 500 g de petits pois surgelés
- 100 g d'edamame
- 8 petites courgettes
- 4 tomates rondes
- 1 pomme de terre
- 2 branches de céleri
- 2 avocats
- 1/2 botte de cresson
- 1/2 salade iceberg
- 4 citrons jaunes bio
- 1 citron vert
- 1 citron vert bio
- 3 oignons rouges
- 1/2 oignon
- 1 échalote
- 2 gousses d'ail
- Ciboulette
- Coriandre
- Laurier
- Fleur de thym

Frais
- 400 g de queue de lotte sans peau
- 300 g de filets de poulet haché
- 4 tranches de coppa
- 1 pâte feuilletée
- 300 g de ricotta
- 1 sachet de cheddar râpé
- 2 à 3 cuil. à soupe de crème fraîche épaisse
- 150 ml de crème liquide
- 10 cl de lait
- 3 œufs

Épicerie
- 200 g de riz complet
- 1 paquet de mini tortillas de blé ou de maïs
- 2 boîtes de thon
- 100 g de chorizo
- 50 ml de vin blanc
- 1 cube de bouillon de poule

Dans le placard
- Sucre
- Graines de cumin
- Graines de coriandre
- Graines de poivre
- Cumin en poudre
- Gingembre en poudre
- Coriandre en poudre
- Origan séché
- Moutarde fine
- Mayonnaise
- Huile d'olive
- Vinaigre blanc
- Sel, poivre, poivre 5 baies

L'organisation de ma session batch cooking

Couper et préparer tous les légumes. Préparer la soupe. Faire cuire le riz.

Pendant ce temps, préparer la tarte. Pendant la cuisson de la tarte, préparer la garniture des tacos.

Ensuite, préparer la queue de lotte.

Semaine 2

Pour 5 soirs

AUTOMNE-HIVER

Couscous de légumes
(voir p. 12)

Burger de falafel
& sauce yaourt
(voir p. 98)

Salade bo bun
(voir p. 96)

Tagliatelles aux pleurotes
et estragon
(voir p. 92)

Riz sauté au chou frisé
& magret fumé
(voir p. 68)

Liste de courses
Pour 4 personnes

Légumes, fruits, herbes

- 350 g de pleurotes
- 200 g de potiron
- 150 g de butternut
- 4 carottes
- 2 patates douces
- 1 courgette
- 1 branche de céleri
- 1 chou blanc
- 1/4 de chou frisé ou chou chinois
- 2 oignons
- 5 gousses d'ail
- Mesclun
- 1 bouquet garni
- Ciboulette
- Estragon
- Menthe
- Coriandre
- Persil

Frais

- 2 paquets de magrets fumés
- 5 à 6 tranches de coppa
- 400 g de tagliatelles fraîches
- 1 fromage halloumi coupé en tranches
- 150 g de yaourt grec
- 50 ml de crème liquide

Épicerie

- 300 g de vermicelles de riz
- 250 g de riz complet
- 250 g de semoule moyenne
- 50 g de cacahuètes non salées
- 4 nems
- 2 boîtes de pois chiches
- 1 cuil. à soupe de pâte de sésame (tahini)

Boulangerie

- 4 pains à burger (buns)

Dans le placard

- Farine de pois chiche ou de blé
- Sucre
- Concentré de tomates
- Gingembre
- Cumin en poudre
- Paprika en poudre
- Piment doux en poudre
- Piment séché
- Ail séché
- Nuoc mam
- Sauce soja sucrée
- Moutarde Savora®
- Mayonnaise
- Huile de coco
- Huile d'olive
- Huile de tournesol
- Vinaigre blanc
- Sel, poivre, poivre 5 baies

L'organisation de ma session batch cooking

Faire cuire les tagliatelles.

Couper et préparer tous les légumes. Lancer la cuisson du couscous.

Pendant ce temps, préparer les falafels. Faire cuire les vermicelles de riz.

Préparer le riz sauté.

Semaine 3

Pour 5 soirs

AUTOMNE - HIVER

Wedges de patates douces au zaatar & boulgour à la tomate
(voir p. 104)

Tagliatelles aux pleurotes et estragon
(voir p. 92)

Gratin de butternut & lardons
(voir p. 74)

Soupe udon aux champignons & crevettes
(voir p. 46)

Pad thaï
(voir p. 102)

Liste de courses
Pour 4 personnes

Légumes, fruits, herbes

- 200 g de mélange de julienne de légumes surgelés
- 350 g de pleurotes
- 100 g de champignons de Paris finement émincés
- 1 kg de butternut ou 1 kg de chair de potiron coupée en dés surgelée
- 4 petites patates douces bio
- 2 à 3 radis roses ronds
- Une poignée de pois de soja edaname cuits
- 4 gousses d'ail
- 1 échalote
- 1 citron
- 1 citron vert
- Gingembre
- Ciboule
- Coriandre
- Cerfeuil
- Estragon

Frais

- 200 g de filets de poulet ou escalopes de dinde
- 200 g de lardons
- 100 g de crevettes roses cuites
- 5 à 6 tranches de coppa
- 400 g de tagliatelles fraîches
- 150 g d'emmental râpé ou de parmesan râpé
- 3 cuil. à soupe de fromage blanc ou yaourt grec
- 50 ml de crème liquide
- 1 blanc d'œuf
- 2 œufs

Épicerie

- 200 g de boulgour moyen ou fin
- 100 g de nouilles de riz larges
- 1 sachet de nouilles udon
- 3 cuil. à soupe de pâte miso
- 2 cuil. à soupe de cacahuètes
- Graines de courge
- 250 ml de lait de coco ou de crème liquide

Dans le placard

- Chapelure
- Sucre
- Sauce soja
- Nuoc mam
- Sauce tomate
- Miel
- Zaatar
- Coriandre en poudre
- Huile d'olive
- Sel, poivre, poivre 5 baies

L'organisation de ma session batch cooking

Faire cuire les tagliatelles. Couper et préparer tous les légumes.

Faire cuire les patates douces. Pendant ce temps, faire cuire le boulgour.

Faire cuire le gratin de butternut. Pendant ce temps, préparer la soupe.

Ensuite, préparer le pad thaï.

Semaine 4

Pour 5 soirs

AUTOMNE - HIVER

Katsudon de porc & riz vinaigré
(voir p. 100)

Salade d'épinard, pamplemousse, avocat et gésiers confits
(voir p. 88)

Samoussas feta, menthe & salade de mâche
(voir p. 62)

Pizza margherita
(voir p. 58)

Blinis de patate douce, saumon fumé & salade épinard et concombre
(voir p. 50)

Liste de courses
Pour 4 personnes

Légumes, fruits, herbes

- 400 g d'épinards frais
- 500 g de mâche
- 250 g de patates douces
- 2 avocats mûrs à point
- 1 pamplemousse rose
- 1 citron jaune
- 1 concombre
- Aneth
- Basilic
- Ciboule
- Menthe

Frais

- 400 g d'échine de porc
- 200 g de gésiers confits
- 250 g de saumon fumé
- 1 pâte à pizza
- 1 paquet de feuilles de brick
- 200 g de feta
- 1 grosse boule de mozzarella « fior di latte »
- 4 cuil. à soupe de yaourt nature
- 150 ml de lait
- 200 ml de crème liquide
- Crème fraîche épaisse
- 6 œufs

Épicerie

- 200 g de riz japonais (pour sushis)
- 50 g de farine
- 1 ou 2 cuil. à soupe de farine
- 1 bocal de sauce tomate spécial pizza
- 30 g de cerneaux de noix

Dans le placard

- Sucre
- Graines de sésame noir et blanc
- Moutarde Savora®
- Sauce vinaigrette à la moutarde
- Mirin ou saké
- Origan séché
- Huile d'olive
- Huile de noix
- Vinaigre de riz
- Vinaigre de cidre
- Sel, poivre
- Fleur de sel

L'organisation de ma session batch cooking

Couper et préparer tous les légumes. Préparer le katsudon de porc.

Préparer les blinis. Faire cuire les gésiers.

Préparer les samoussas. Ensuite, préparer la pizza.

Semaine 5

Pour 5 soirs

AUTOMNE - HIVER

Steak de thon aux épices & tzatziki
(voir p. 94)

Beignets de maïs & mesclun
(voir p. 48)

Salade de pâtes basilic, billes de mozzarella et jambon cru
(voir p. 90)

Oeuf nitamago & nouilles sautées à la ciboule
(voir p. 22)

Curry de carottes violettes, jaunes et orange & riz
(voir p. 14)

Liste de courses
Pour 4 personnes

Légumes, fruits, herbes
- 900 g de carottes violettes, jaunes et orange
- 120 g de tomates cerise
- 1 concombre
- 1/4 de chou blanc
- 1 sachet de mesclun
- 1 oignon jaune
- 3 gousses d'ail
- 1 citron vert
- Aneth
- Basilic
- Ciboulette
- Coriandre
- Gingembre
- Menthe
- Persil

Frais
- 4 steaks de thon de 100 à 150 g chacun
- 4 tranches de jambon cru
- 100 g de billes de mozzarella
- 30 g de parmesan en copeaux
- Yaourt grec nature
- 50 ml de crème liquide
- 6 œufs bio
- Beurre

Épicerie
- 400 g de pâtes type fusilli
- 200 g de nouilles aux œufs
- 2 boîtes de maïs en conserve
- 30 g de pignons de pin
- Pâte de sésame (tahini)
- 1 cuil. à soupe rase de pâte de curry vert (ou en poudre)
- 80 g de pesto au basilic
- 200 ml de lait de coco

Dans le placard
- Farine de riz ou de blé
- Sucre
- Levure chimique
- Curcuma en poudre
- Cumin en poudre
- Paprika en poudre
- Piment doux en poudre
- Ail semoule
- Sauce soja
- Nuoc mam
- Miel liquide
- Mirin
- Saké
- Graines de sésame
- Huile de coco
- Huile d'olive
- Huile de tournesol
- Vinaigrette à la moutarde
- Sel, poivre, poivre 5 baies

L'organisation de ma session batch cooking

Couper et préparer tous les légumes. Mettre à cuire le curry de carottes.

Pendant ce temps, faire cuire les pâtes.

Préparer la marinade pour le thon. Préparer les beignets de maïs.

Préparer les œufs nitamago.

Semaine 6

Pour 5 soirs

PRINTEMPS - ÉTÉ

Saumon teriyaki
& haricots verts
(voir p. 106)

Tarte courgette chèvre menthe
& salade de cresson
(voir p. 40)

Ratatouille
& omelette roulée
(voir p. 26)

Curry de légumes verts
au basilic thaï
(voir p. 16)

Aubergines rôties
sauce tomates
& rigatoni
(voir p. 8)

Liste de courses
Pour 4 personnes

Légumes, fruits, herbes

- 300 g de haricots verts
- 100 g de pointes d'asperges vertes
- 50 g de champignons de Paris
- 1 chou pak choï
- 2 courgettes
- 2 aubergines thaïes
- 3 aubergines
- 2 poivrons (1 vert, 1 rouge)
- 3 grosses tomates
- 1 branche de céleri
- 1 oignon
- 3 échalotes
- 8 gousses d'ail
- 2 citrons jaunes bio
- 2 citrons verts
- 1 sachet de cresson
- Basilic
- Ciboulette
- Gingembre
- Menthe
- Persil
- Romarin

Frais

- 4 pavés de saumon frais de 150 g chacun
- 1 pâte feuilletée
- 200 g de fromage de chèvre frais
- 50 g de parmesan râpé
- 5 cuil. à soupe de crème fraîche épaisse
- 1 petit verre de lait entier
- 9 œufs
- Beurre

Épicerie

- 300 g de riz thaï
- 300 g de pâtes rigatoni
- 1 bâton de citronnelle
- 2 cuil. à café de pâte de curry vert
- 2 cuil. à soupe de pâte miso
- 500 ml de lait de coco

Dans le placard

- Sucre roux
- Origan
- Sauce soja
- Sauce tomate
- Mirin
- Vinaigrette à la moutarde
- Huile de coco
- Huile d'olive
- Sel, poivre
- Fleur de sel

L'organisation de ma session batch cooking

Couper et préparer tous les légumes. Mettre à cuire la ratatouille.

Préparer la marinade pour le saumon. Faire griller les aubergines.

Préparer le curry de légumes verts.

Préparer la tarte.

Semaine 7

Pour 5 soirs

AUTOMNE - HIVER

Brochettes de poulet tikka & blé
(voir p. 84)

Parmentier de saumon
(voir p. 76)

Soupe de panais & pains à l'ail
(voir p. 34)

Tofu mariné et grillé au sésame & sauté de brocolis sauce soja
(voir p. 32)

Tagliatelles aux pleurotes et estragon
(voir p. 92)

Liste de courses
Pour 4 personnes

Légumes, fruits, herbes
- 800 g de panais
- 350 g de pleurotes
- 150 g de butternut coupée en dés
- 1 brocoli
- 1 pomme de terre
- 1/2 oignon doux
- 1 citron vert
- 1 échalote
- 6 gousses d'ail
- 1 feuille de laurier
- Estragon
- Gingembre
- Ciboulette
- Persil

Frais
- 600 g de blancs de poulet
- 500 g de filets de saumon frais (sans arêtes)
- 450 g de tofu ferme
- 5 à 6 tranches de coppa
- 1 sachet d'emmental ou de comté râpé
- 350 ml de crème liquide
- 600 ml de lait
- 2 yaourts nature
- 120 g de beurre
- 30 g de beurre demi-sel

Épicerie
- 400 g de tagliatelles fraîches
- 350 g de blé
- 1 sachet et demi de purée instantanée en flocons
- 1 cube de bouillon de volaille bio
- 1 tige de citronnelle ou citronnelle hachée surgelée

Boulangerie

1 baguette

Dans le placard
- Maïzena®
- Sucre en poudre
- Sauce soja
- Graines de sésame dorées
- Garam masala en poudre
- Curcuma en poudre
- Paprika ou piment doux en poudre
- Cumin en poudre
- Graines de sésame
- Huile d'olive
- Sel, poivre, poivre 5 baies

L'organisation de ma session batch cooking

Couper et préparer tous les légumes. Faire cuire les tagliatelles.

Préparer le poulet et faire cuire le blé. Préparer le parmentier de saumon.

Pendant la cuisson du parmentier, préparer la soupe de panais.

Préparer le tofu mariné et le sauté de brocolis.

Semaine 8

Pour 5 soirs

PRINTEMPS - ÉTÉ

Poêlée de légumes verts & filets de poulet fermier au jus d'orange
(voir p. 82)

Soupe tom kha kaï
(voir p. 38)

Poivrons longs farcis au quinoa parfumé & roquette
(voir p. 24)

Dahl de lentilles corail express
(voir p. 18)

Tarte aux tomates et au thon thon
(voir p. 42)

Liste de courses
Pour 4 personnes

Légumes, fruits, herbes
- 200 g de shiitakés
- 100 g de pois gourmands
- 100 g de brocoli
- 100 g d'asperges vertes
- 100 g de petits pois
- 4 poivrons rouges longs
- 2 branches de céleri
- 1 aubergine
- 1 sachet de mélange de champignons surgelés
- 3 tomates
- 1 courgette
- 1 orange
- 1 ou 2 citrons verts
- ½ oignon
- 3 échalotes
- 2 gousses d'ail
- Gingembre
- 1 feuille de laurier
- 1 sachet de roquette
- Cébette
- Menthe
- Persil plat

Frais
- 4 filets de poulet fermier
- 1 pâte feuilletée
- 10 cl de lait
- 2 à 3 cuil. à soupe de crème fraîche épaisse
- 75 g de fromage frais
- 50 g de parmesan râpé
- 50 g de beurre
- 3 œufs

Épicerie
- 1 sachet de quinoa précuit parfumé
- 300 g de lentilles corail
- 2 boîtes de thon
- 1 (ou 4 sachets) de ramen au poulet
- 50 cl de bouillon de légumes
- 700 ml de lait de coco
- Quelques noix

Dans le placard
- Origan séché
- Curry en poudre
- Moutarde fine
- Huile de coco
- Huile d'olive
- Sel, poivre, poivre 5 baies

L'organisation de ma session batch cooking

Couper et préparer tous les légumes. Faire cuire le poulet.

Pendant ce temps, faire cuire le quinoa. Préparer la soupe tom kha kaï.

Préparer les poivrons farcis. Préparer le dahl. Pendant la cuisson du dahl, préparer la tarte.

Semaine 9

Pour 4 soirs

AUTOMNE - HIVER

Aubergines rôties, sauce tomates à la tomates & rigatoni
(voir p. 8)

Galettes de chou-fleur à l'emmental & salade de mâche
(voir p. 20)

Salade de lentilles, pois chiches, tomates cerise, feta
(voir p. 30)

Blinis de patates douces, saumon fumé & salade épinard et concombre
(voir p. 50)

Liste de courses
Pour 4 personnes

Légumes, fruits, herbes
- 500 g de chou - fleur
- 250 g de patates douces
- 100 g de tomates cerise
- 50 g de roquette
- 2 petites aubergines
- 1 concombre
- 1 petit oignon
- 3 gousses d'ail
- 1 citron
- Aneth
- Basilic
- Ciboulette
- Persil

Frais
- 250 g de saumon fumé
- 100 g d'emmental râpé ou parmesan
- 50 g de parmesan râpé
- 125 g de feta
- 4 cuil. à soupe de yaourt nature
- 250 ml de lait
- 200 ml de crème liquide
- Crème fraîche épaisse
- 6 œufs

Épicerie
- 150 g de farine
- 300 g de pâtes rigatoni
- 150 g de lentilles vertes du Puy
- 200 g de pois chiches égouttés

Boulangerie
- Pain de campagne

Dans le placard
- Sauce vinaigrette à la moutarde
- Moutarde douce
- Sauce tomate
- Huile d'olive
- Sel, sel aux légumes
- Poivre 5 baies

L'organisation de ma session batch cooking

Couper et préparer tous les légumes. Faire cuire les aubergines.

Préparer les galettes de chou - fleur. Faire cuire les lentilles.

Préparer les blinis de patates douces.

Semaine 10

Pour 4 soirs

AUTOMNE - HIVER

Petits buns au crabe
(voir p. 52)

Lasagnes de boeuf au pesto
(voir p. 56)

Croque-madame
(voir p. 70)

Salade de pâtes, billes de mozzarella et jambon cru
(voir p. 90)

Liste de courses
Pour 4 personnes

Légumes, fruits, herbes

- 120 g de tomates cerise
- 2 branches de céleri
- 1 sachet de mesclun
- 1 oignon jaune
- 1 citron
- Basilic
- Ciboulette

Frais

- 350 g de bœuf haché
- 4 tranches de jambon blanc
- 4 tranches de jambon cru
- 1/2 crabe cuit ou 200 g de chair de crabe en boîte
- 1 paquet de feuilles de lasagnes fraîches ou précuites
- 100 g de billes de mozzarella
- 30 g de parmesan en copeaux
- 2 sachets d'emmental râpé
- Un peu de cheddar râpé
- 100 ml de crème liquide
- 4 œufs bio
- 120 g de beurre

Épicerie

- 400 g de pâtes type fusilli
- 4 petits pains au lait
- 2 pots de Béchamel
- 2 tubes de pesto
- 1 pot de pulpe de tomate
- 30 g de pignons de pin

Boulangerie

- 4 grandes tranches de pain Poilane®

Dans le placard

- Ail semoule
- Origan séché
- Mayonnaise
- Moutarde à l'ancienne
- Huile d'olive
- Sel, poivre

L'organisation de ma session batch cooking

Couper et préparer tous les légumes. Préparer les lasagnes.

Pendant la cuisson des lasagnes, préparer la garniture des petits buns.

Faire cuire les pâtes. Pendant la cuisson des pâtes, préparer les croques-madame.

Semaine 11

Pour 4 soirs

AUTOMNE - HIVER

Cabillaud en croûte de parmesan & petites pâtes
(voir p. 66)

Salade d'épinard, pamplemousse, avocat & gésiers confits
(voir p. 88)

Velouté de poireaux et pommes de terre & tartines gratinés au gouda vieux
(voir p. 44)

Flammekuche
(voir p. 54)

Liste de courses
Pour 4 personnes

Légumes, fruits, herbes

- 400 g d'épinards frais
- 100 g de pois gourmands ou pois sucrés
- 3 grands poireaux
- 2 grosses pommes de terre
- 2 avocats
- 1 pamplemousse rose
- 1 citron jaune
- 2 oignons jaunes
- Ciboulette
- Persil

Frais

- 200 g de gésiers confits
- 2 barquettes de lardons
- 4 pavés de cabillaud
- Pâte brisée ou pâte à pizza
- 1 bloc de gouda vieux
- 200 g de parmesan râpé
- 100 ml de crème liquide
- 20 cl de crème épaisse ou fromage blanc
- 100 g de beurre

Épicerie

- 100 g de chapelure
- 200 g petites pâtes type Orzo
- 2 cubes de bouillon de poule bio

Boulangerie

- 4 tranches de pain de campagne

Dans le placard

- Muscade
- Moutarde Savora®
- Huile d'olive
- Huile de noix
- Vinaigre de cidre
- Sel, poivre

L'organisation de ma session batch cooking

Couper et préparer tous les légumes. Faire cuire le velouté de poireaux.

Pendant ce temps, préparer la croûte pour le cabillaud. Faire cuire les petites pâtes.

Préparer la garniture de la flammekuche et faire cuire les gésiers.

Semaine 12

Pour 4 soirs

PRINTEMPS - ÉTÉ

Brochettes de poulet tikka & blé

(voir p. 84)

Samoussas feta, menthe & salade de mâche aux noix

(voir p. 62)

Curry de crevettes au lait de coco & riz

(voir p. 62)

Soupe de panais & pains à l'ail

(voir p. 34)

Liste de courses
Pour 4 personnes

Légumes, fruits, herbes

- 800 g de panais
- 500 g de mâche
- 400 g de tomates concassées
- 1 pomme de terre
- 1 branche de céleri
- 1 patate douce
- 1 citron vert
- 2 oignons doux
- 2 gousses d'ail
- 1 feuille de laurier
- Gingembre
- Coriandre
- Menthe
- Persil

Frais

- 600 g de blancs de poulet
- 24 grosses crevettes crues décortiquées (150 g)
- 200 g de feta
- 2 yaourts nature
- 20 cl de crème liquide
- 100 g de beurre ramolli
- 1 œuf

Épicerie

- 350 g de blé
- 200 g de riz basmati
- 1 paquet de feuilles de brick
- 2 cuil. à café de pâte de curry rouge
- 30 g de cerneaux de noix
- 1 cube de bouillon de volaille bio
- 250 ml de lait de coco

Boulangerie

- 1 baguette

Dans le placard

- Garam masala en poudre
- Curcuma en poudre
- Paprika ou piment doux en poudre
- Cumin en poudre
- Graines de sésame
- Moutarde Savora®
- Huile d'olive
- Huile de coco
- Huile de noix
- Vinaigre de cidre
- Sel, poivre, poivre 5 baies

L'organisation de ma session batch cooking

Couper et préparer tous les légumes. Préparer le poulet et faire cuire le blé.

Préparer les samoussas. Faire cuire la soupe de panais.

Pendant ce temps, préparer le curry de crevettes.

Semaine 13

Pour 4 soirs

AUTOMNE-HIVER

Poêlée de légumes verts & filets de poulet fermier au jus d'orange
(voir p. 82)

Curry de légumes verts au basilic thaï
(voir p. 16)

Soupe tom kha kaï
(voir p. 38)

Flammekuche
(voir p. 54)

Liste de courses
Pour 4 personnes

Légumes, fruits, herbes
- 100 g de pois gourmands
- 100 g de brocoli
- 100 g d'asperges vertes
- 100 g de pointes d'asperges vertes
- 100 g de petits pois écossés
- 100 g de haricots verts
- 200 g de shiitakés
- 50 g de champignons de Paris
- 2 aubergines thaïes
- 1 tomate
- 1 chou pak choï
- 2 branches de céleri
- 1 courgette
- 1 orange à jus
- 4 citrons verts
- 2 oignons jaunes
- 1 échalote
- 2 gousses d'ail
- Cébette
- Gingembre
- Basilic thaï
- Menthe

Frais
- 4 filets de poulet fermier
- 2 barquettes de lardons
- Pâte brisée ou pâte à pizza
- 20 cl de crème épaisse ou fromage blanc

Épicerie
- 300 g de riz thaï
- 1 (ou 4 sachets) de ramen au poulet
- 2 cuil. à café de pâte de curry vert
- 1 bâton de citronnelle
- 700 ml de lait de coco

Dans le placard
- Huile de coco
- Huile d'olive
- Muscade
- Sel, fleur de sel
- Poivre

L'organisation de ma session batch cooking

Couper et préparer tous les légumes. Préparer le poulet.

Faire cuire le curry de légumes verts. Pendant ce temps, préparer la garniture de la flammekuche.

Ensuite, préparer la soupe tom kha kaï.

Semaine 14

Pour 4 soirs

PRINTEMPS - ÉTÉ

Orechiette aux poireaux et saucisses
(voir p. 80)

Riz sauté au chou frisé & magret fumé
(voir p. 68)

Salade de betteraves et oeufs mimosa au gingembre
(voir p. 10)

Tarte courgettes, chèvre, menthe & salade de cresson
(voir p. 40)

Liste de courses
Pour 4 personnes

Légumes, fruits, herbes

- 2 courgettes
- 2 grosses betteraves cuites
- 2 gros poireaux
- 1 sachet de cresson
- 1/4 de chou frisé ou chou chinois
- 1 citron (jus)
- 3 échalotes
- 3 gousses d'ail
- Gingembre
- Aneth
- Ciboulette
- Menthe

Frais

- 2 saucisses de Morteau ou Toulouse
- 2 paquets de magrets fumés (2 x 90 g)
- 1 pâte feuilletée
- 60 g de parmesan
- 200 g de fromage de chèvre frais
- 1 petit verre de lait entier
- 4 cuil. à soupe de crème fraîche épaisse
- 150 ml de crème liquide
- 7 œufs bio
- 10 g de beurre

Épicerie

- 200 g de pâtes type orecchiette
- 250 g de riz complet

Dans le placard

- Miel
- Sauce soja sucrée
- Moutarde douce type Savora®
- Mayonnaise
- Thym séché
- Huile d'olive
- Huile de coco
- Sel et gros sel
- Poivre, poivre 5 baies

L'organisation de ma session batch cooking

Couper et préparer tous les légumes. Faire cuire les orechiette.

Préparer la tarte. Préparer la salade de betterave.

Préparer le riz sauté.

Semaine 15

Pour 3 soirs

PRINTEMPS - ÉTÉ

Parmentier de saumon
(voir p. 76)

Oeufs nitamago & nouilles sautées à la ciboule
(voir p. 22)

Salade riz complet, edaname, ricotta et citron
(voir p. 28)

Liste de courses
Pour 4 personnes

Légumes, fruits, herbes

- 100 g d'edamame
- 1 gousse d'ail
- 2 oignons rouges
- 2 citrons jaunes bio
- Ciboulette
- Gingembre
- Persil
- Coriandre

Frais

- 500 g de filets de saumon frais (sans arêtes)
- 150 g de ricotta
- 1 sachet d'emmental ou de comté râpé
- 600 ml de lait
- 100 ml de crème liquide
- 4 œufs bio
- Beurre

Épicerie

- 200 g de nouilles aux œufs
- 200 g de riz complet
- 1 sachet et demi de purée instantanée en flocons

Dans le placard

- Sucre
- Sauce soja
- Miel
- Mirin
- Saké
- Graines de sésame
- Graines de cumin
- Graines de coriandre
- Graines de poivre
- Huile de coco
- Huile d'olive
- Vinaigre blanc
- Sel, poivre, poivre 5 baies

L'organisation de ma session batch cooking

Couper et préparer tous les légumes. Préparer le parmentier de saumon.

Pendant la cuisson du parmentier, faire cuire le riz.

Préparer les œufs nitamago.

Semaine 16

Pour 3 soirs

PRINTEMPS - ÉTÉ

Queue de lotte pochée
courgettes vapeur
& mayonnaise citron vert
(voir p. 78)

Quesadillas de poulet
& salade iceberg
(voir p. 60)

Soupe de petits pois,
cresson, ricotta
& chips de coppa
(voir p. 36)

Liste de courses
Pour 4 personnes

Légumes, fruits, herbes

- 500 g de petits pois surgelés
- 8 petites courgettes
- 2 branches de céleri
- 1/2 botte de cresson
- 1 pomme de terre
- 1/2 poivron rouge
- 1 citron jaune
- 3 citrons verts
- 1 salade iceberg
- 1 oignon
- 2 gousses d'ail
- 1 échalote
- 1 feuille de laurier
- Fleur de thym
- Coriandre

Frais

- 400 g de filet de poulet fermier
- 400 g de queue de lotte sans peau
- 100 g de chorizo
- 4 tranches de coppa
- 150 g de ricotta
- 100 g de cheddar râpé
- 3 cuil. à soupe de crème fraîche épaisse
- 180 ml de crème liquide

Épicerie

- 4 galettes wrap ou tortillas de blé ou de maïs
- 50 ml de vin blanc
- 1 cube de bouillon de poule

Dans le placard

- Graines de coriandre
- Sauce tomate
- Moutarde
- Mayonnaise
- Huile d'olive
- Sel, poivre, poivre 5 baies

L'organisation de ma session batch cooking

Couper et préparer tous les légumes. Faire cuire la soupe de petits pois.

Pendant ce temps, préparer la queue de lotte.

Préparer ensuite les quesadillas.

Semaine 17

Pour 3 soirs

PRINTEMPS - ÉTÉ

Dhal de lentilles corail express

(voir p. 18)

Poivrons longs farcis au quinoa parfumé & roquette

(voir p. 24)

Ratatouilles & omelette roulée

(voir p. 26)

Liste de courses
Pour 4 personnes

Légumes, fruits, herbes

- 2 aubergines
- 2 courgettes
- 1 poivron vert
- 1 poivron rouge
- 4 poivrons rouges longs
- 3 grosses tomates
- 1 sachet de mélange de champignons surgelés
- 1 sachet de roquette
- 1 branche de céleri
- 1 ½ oignon
- 3 échalotes
- 3 gousses d'ail
- 1 feuille de laurier
- Basilic
- Ciboulette
- Gingembre
- Persil
- Romarin

Frais

- 50 g de parmesan râpé
- 75 g de fromage frais
- 1 cuil. à soupe de crème fraîche épaisse
- 6 œufs
- 50 g de beurre

Épicerie

- 300 g de lentilles corail
- 1 sachet de quinoa précuit parfumé
- 50 cl de bouillon de légumes
- Quelques noix
- 50 cl de lait de coco

Dans le placard

- Origan
- Curry en poudre
- Huile de coco
- Huile d'olive
- Sel, poivre, poivre 5 baies

L'organisation de ma session batch cooking

Couper et préparer tous les légumes. Faire cuire la ratatouille.

Pendant la cuisson de la ratatouille, faire cuire le quinoa et préparer les poivrons.

Mettre à cuire le dahl de lentilles corail.

Semaine 18

Pour 3 soirs

PRINTEMPS - ÉTÉ

Tarte aux tomates et au thon
(voir p. 42)

Beignets de maïs & mesclun
(voir p. 48)

Tacos poulet avocat
(voir p. 64)

Liste de courses Pour 4 personnes	
Légumes, fruits, herbes • 4 tomates rondes • 2 avocats • 2 citrons verts (ou jaunes) • 1/4 de chou blanc • 1 sachet de mesclun • 1/2 salade iceberg • 1 gousse d'ail • 1 oignon rouge • Coriandre Frais • 300 g de filets de poulet haché • 1 sachet de cheddar râpé • 10 cl de lait • 2 à 3 cuil. à soupe de crème fraîche épaisse • 50 ml de crème liquide • 5 œufs	Épicerie • 1 paquet de mini tortillas de blé ou de maïs • 1 pâte feuilletée • 2 boîtes de maïs en conserve • 2 boîtes de thon Dans le placard • Farine de riz ou de blé • Levure chimique • Origan séché • Cumin en poudre • Gingembre en poudre • Coriandre en poudre • Paprika en poudre • Moutarde fine • Huile d'olive • Huile de tournesol • Vinaigrette à la moutarde • Sel, poivre, poivre 5 baies

L'organisation de ma session batch cooking

Couper et préparer tous les légumes. Préparer la tarte.

Préparer les beignets,

Ensuite, préparer les tacos.

Semaine 19

Pour 3 soirs

AUTOMNE - HIVER

Gratin de butternut & lardons

(voir p. 74)

Salade de pommes de terre tièdes & trruite fumée

(voir p. 86)

Salade d'épinards, pamplemousse, avocat et gésiers confits

(voir p. 88)

Liste de courses
Pour 4 personnes

Légumes, fruits, herbes

- 500 g de pommes de terre rattes
- 400 g d'épinards frais
- 200 g de haricots verts
- 2 avocats mûrs à point
- 1 butternut ou 800 g de chair de potiron coupée en dés surgelés
- 1 pamplemousse rose
- 3 citrons jaunes
- 1 citron jaune bio
- 3 échalotes
- 2 gousses d'ail
- Gingembre
- Aneth
- Ciboulette
- Cerfeuil
- Coriandre

Frais

- 250 g de truite fumée
- 200 g de gésiers confits
- 200 g de lardons
- 150 g d'emmental râpé ou de parmesan râpé
- 250 ml de lait de coco ou de crème liquide
- 2 cuil. à soupe de crème épaisse

Épicerie

- 250 ml de lait de coco ou de crème liquide

Dans le placard

- Chapelure
- Graines de courge
- Moutarde Savora®
- Mayonnaise
- Huile d'olive
- Huile de noix
- Vinaigre de cidre
- Sel, gros sel, fleur de sel
- Poivre, poivre 5 baies

L'organisation de ma session batch cooking

Couper et préparer tous les légumes. Faire cuire les pommes de terre.

Préparer le gratin de butternut. Pendant la cuisson du gratin, faire cuire les gésiers.

Semaine 20

Pour 3 soirs

PRINTEMPS - ÉTÉ

Saumon teriyaki
& haricots verts
(voir p. 106)

Salade bo bun
(voir p. 96)

Aubergines rôties,
sauce tomates
& rigatoni
(voir p. 8)

Liste de courses
Pour 4 personnes

Légumes, fruits, herbes

- 2 carottes
- 2 petites aubergines
- 2 gousses d'ail
- 1 citron jaune bio
- Basilic
- Gingembre
- Menthe

Frais

- 4 pavés de saumon frais de 150 g chacun, sans la peau
- 4 nems
- Beurre

Épicerie

- 300 g de vermicelles de riz
- 300 g de pâtes rigatoni
- 50 g de parmesan râpé
- 2 cuil. à soupe de pâte miso
- 50 g de cacahuètes non salées

Dans le placard

- Sucre
- Sucre roux ou blond
- Piment séché
- Ail séché
- Sauce tomate
- Sauce soja ou tamari
- Nuoc mam
- Mirin
- Huile d'olive
- Huile de coco
- Huile de tournesol

L'organisation de ma session batch cooking

Couper et préparer tous les légumes. Faire griller les aubergines.

Pendant ce temps, préparer la marinade pour le saumon et faire cuire les haricots verts.

Préparer la salade bo bun.

Remerciements

Merci à Aris Patrinos pour son aide et sa bonne humeur en cuisine !
Merci à Typhaine pour son accompagnement et précieux conseils.
Merci à Rose-Marie pour sa confiance.

ISBN : 978-2-412-06441-2
Dépôt légal : février 2021
Imprimé en France par Pollina - 96417

Photographies et stylisme : © Sandra Mahut
Édition : Typhaine Gilles
Préparation de copie : Blandine Renard
Création graphique et mise en page : La Fabrique Graphique
Illustrations de couverture : © Gwladys Morey

Éditions First, un département d'Édi8
92, avenue de France
75 013 Paris – France
Tél. 01 44 16 09 00
Fax 01 44 16 09 01
E-mail : firstinfo@efirst.com
Site internet : www.editionsfirst.fr